gutes leben
bene!

Melanie Wolfers

Nimm der Ohnmacht ihre Macht

Entdecke die Kraft,
die in dir wohnt

INHALTSVERZEICHNIS

I. NIMM DER OHNMACHT IHRE MACHT 9

KAPITEL EINS: WENN NICHTS MEHR GEHT 11
1. Kennen Sie das? 11
2. Wie es zur Ohnmacht kommt 20

KAPITEL ZWEI: AUF DIE WELT-ANSCHAUUNG KOMMT ES AN 32
1. Die Welt ist oft besser, als wir denken 32
2. Mit dem Zweiten sehen Sie besser 40

GANZ IM PRIVATEN 46

KAPITEL DREI: VON FLUCHTWEGEN, DIE IN SACKGASSEN ENDEN 48
1. Nichts wie weg! 48
2. Einknicken und kneifen 52
3. Trau dich doch! 55
4. Der Alltag als ideales Trainingsfeld 58

VOLLVERSAMMLUNG DER GEFÜHLE 62

KAPITEL VIER: VON DER TRANSFORMATION EINES GEFÜHLS 68
1. Der Schlüssel liegt in der richtigen Frage 69
2. Glauben Sie nicht alles, was Sie fühlen 72
3. Wenn der Tiefpunkt zum Wendepunkt wird 77
4. Es geht weiter 85
5. Vom Nicht-Machbaren 87

KAPITEL FÜNF: UND WENN ES NICHT MEHR GUT WIRD? 89
   1. Nicht alles hat sein Gutes! 90
   2. Zu klagen wagen 94
   3. Ganz bei Trost 98
   4. Zwischen Schlaftee und Energydrink 104

II. ENTDECKE DIE KRAFT, DIE IN DIR WOHNT 109

KAPITEL EINS: ANS DANKEN DENKEN 111
   1. Wie Dank und Glück zusammenspielen 112
   2. Danken verbindet 113
   3. »I'm singin' in the rain« 115
   4. Dankbrief an – Adresse unbekannt 118
   5. Wer dankt, denkt weiter 121

KAPITEL ZWEI: VOR LAUTER FREUDE 124
   1. Freude richtet auf 124
   2. Mit Freude am Ball bleiben 129
   3. Eigenlob stimmt! 132

KAPITEL DREI: KONTROLLE IST GUT, VERTRAUEN IST BESSER 134
   1. Dem Vertrauen trauen 135
   2. Vertrauen geht nicht allein 138
   3. Ein spiritueller Instinkt 141

KAPITEL VIER: VERZEIHEN BEFREIT 144
   1. Ein Ausflug in die Hirnforschung 145
   2. Frieden schließen: Wie geht das? 147
   3. Verzeihen: Ein Prozess 150
   4. Dem Leben verzeihen? 156

KAPITEL FÜNF: MEINE SEHSTÄRKE: ZUVERSICHT 158
1. Da hilft wohl nur strampeln 159
2. Den Körper in Stimmung bringen 160
3. Träume öffnen Räume 163
4. Die Erinnerung ist die Schwester der Hoffnung 167

KAPITEL SECHS: TATKRÄFTIG HOFFEN 169
1. Auf dich kommt es an! 170
2. Hoffen durch Handeln 172
3. Die Kraft des Wir 176

KAPITEL SIEBEN: INNEHALTEN, UM INNEREN HALT ZU FINDEN 180
1. Wenn Ruhe aus der Ruhe bringt 181
2. Ein heikles Rendezvous 183
3. Stille: Heilfasten des Geistes 186
4. Es bleibt spannend! 193

TRAUEN SIE IHRER KRAFT 197

Dank 199
Anmerkungen 201
Vita 205

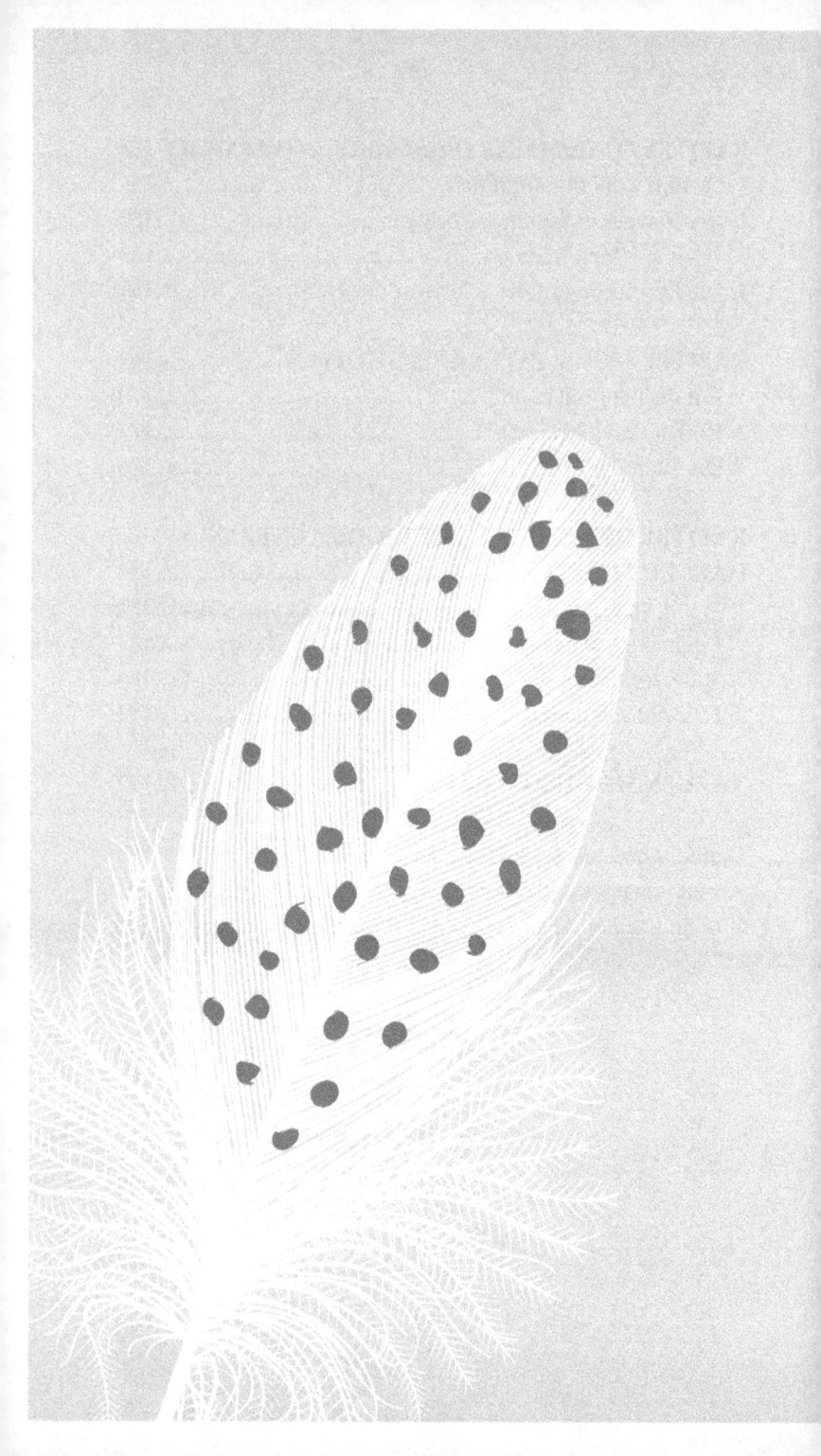

I.
NIMM DER OHNMACHT IHRE MACHT

KAPITEL EINS: WENN NICHTS MEHR GEHT

1. Kennen Sie das?

Nichts bringt uns so leicht in Rage, wie im Stau zu stecken. Im Schneckentempo geht's voran und die Nerven stehen unter Hochspannung. Doch warum vermag der Stop-and-go-Verkehr einen fast rasend zu machen? Das liegt nicht primär am Zeitverlust, sondern vor allem an der Erfahrung: Ich bin blockiert! Ich habe keinen Einfluss darauf vorwärtszukommen und bin zur Untätigkeit verdammt. Ich fühle mich ausgebremst. Kurz: Ich fühle mich ohnmächtig! Und schon schlägt das Stresszentrum Alarm. Ähnlich ergeht es einem, wenn man mit der Bahn verreisen will und eine Stimme aus dem Lautsprecher schallt: »Zug fällt aus.«

Diese kleinen Vorkommnisse zeigen: Wir erleben uns nicht erst in lebensbedrohlichen Situationen hilflos oder ohnmächtig, sondern auch in alltäglichen Begebenheiten: Ein lang gehegter Plan geht nicht auf; die Kontrolle über eine Situation entgleitet mir oder ich fühle mich einem Menschen machtlos ausgeliefert. Das weckt Unbehagen und fühlt sich bisweilen fürchterlich an! Und deswegen versuchen die meisten, dieses Gefühl unbedingt zu vermeiden.

Doch das Erleben von Ohnmacht lässt sich nicht abschalten wie ein lästiges Störgeräusch. Wir Menschen haben vieles – genau genommen: das meiste – nicht unter Kontrolle. Wer aber das Erleben von Ohnmacht als einen Teil des Lebens anerkennt, wird mit dieser Realität besser umgehen können. Er wird sich nicht lähmen lassen, wenn die Ohnmacht nach ihm greift, sondern auch die Kraft entdecken und entfalten, die in ihm wohnt.

Ohnmacht im kleinen Kreis

»In welchen Situationen fühl(t)en Sie sich ohnmächtig?« – Diese Frage habe ich in vielen Beratungsgesprächen gestellt. Hier eine Auswahl von Antworten. Wenn Sie wollen, können Sie beim Lesen darauf achten, ob Ihnen eine oder mehrere Situationen bekannt vorkommen:

- Seit Jahren wünsche ich mir eine Partnerin und versuche alles Mögliche, doch ich finde keine, die zu mir passt.
- Ich wohne seit Jahren in einer schrecklich lauten Wohnung und kann daran nichts ändern.
- Wir können keine Kinder bekommen.
- Meine dreijährige Tochter hatte heute einen Wutanfall: Sie wollte ein zweites Schokoladeneis. Doch alles Betteln und Bitten, Heulen und Schreien half nichts – sie bekam kein zweites. Dieses Gefühl der Ohnmacht hat ihr sichtlich zugesetzt.
- Seit Monaten warte ich auf einen Operationstermin und es ist immer noch keiner in Aussicht, da aufgrund der wenigen Pflegekräfte Stationen geschlossen worden sind.
- Mein Ehemann hat sich von mir getrennt und lebt mit einer Jüngeren zusammen.
- Ich kriege meine Ängste einfach nicht in den Griff.
- Ich wurde als Kind von meinem Vater oft geschlagen.
- Meine Frau leidet an einer tödlichen Krankheit und wird bald sterben.
- Die 24-Stunden-Pflege meines Schwiegervaters überfordert mich und meine Familie völlig.
- Ich bin reingelegt worden und habe nicht die Mittel, mich zu wehren.
- Ich weiß nicht, wie ich die gestiegenen Lebensmittel- und Energiekosten bewältigen soll.

- Im Blick auf Corona hatten mein Mann und ich völlig gegensätzliche Ansichten. Was für ein ohnmächtiger Schmerz: Wir lieben uns, sitzen gemeinsam am Frühstückstisch – aber erreichen uns nicht.
- Mein Unternehmen hat Arbeitsplätze abgebaut. Auch ich wurde »freigesetzt« (was für ein zynisches Wort!) und mit meinen 55 Jahren stehen die Chancen auf eine neue Stelle schlecht.
- Mir ist ein Chef vor die Nase gesetzt worden, der seine Macht ausspielt.
- Ich unterrichte eine »schwierige« Klasse und werde von einigen Schülern regelrecht tyrannisiert.
- Ich bekomme seit Jahren nur Zeitverträge und wage es nicht, eine Familie zu gründen.
- Ich hatte einen schweren Unfall und kann in der Folge vieles, was mir bislang wichtig war, einfach nicht mehr machen.
- …

Und wie ist das bei Ihnen: In welchen Situationen fühl(t)en Sie sich ohnmächtig?

Vielleicht wundern Sie sich beim Lesen, wie oft wir in unserer eigenen unmittelbaren Welt ein Geschehen nicht beeinflussen können. Wir keine Kontrolle haben – angefangen von dem verweigerten Schokoladeneis bis hin zur Bedrohung von Leib und Leben. Es scheint keinen Lebensbereich zu geben, in dem nicht das Gefühl von Ohnmacht und verwandte Empfindungen wie Hilflosigkeit, Frustration, Überforderung oder Schwäche nach uns greifen können.

Vermutlich steigen in Ihnen aber auch Ohnmachtsgefühle auf angesichts einer Welt, in der Ungerechtigkeit, Umweltzerstörung, fortschreitender Klimawandel und Kriege eine bedrückende Realität darstellen.

Ohnmacht im großen Stil

Bereits im Jahr 2007 war laut einer groß angelegten Studie der *Mental Health Foundation* das Ohnmachtsgefühl die mit Abstand häufigste Reaktion auf die Probleme der Welt.[1] Aktuelle Zahlen zeigen, dass dieses Erleben stark zugenommen hat: Das rheingold institut erhob in der »Zukunftsstudie 2021«, dass 76 Prozent der Deutschen pessimistisch in die Zukunft schauen. Die Menschen erkennen die nationalen und globalen Herausforderungen und anstehenden Umbrüche, begegnen ihnen aber in der Mehrheit mit einer resignativ-ohnmächtigen Grundhaltung: Sie glauben nicht daran, dass die großen Probleme unserer Zeit gelöst werden können, und trauen auch dem Staat dabei wenig zu. Und ihr eigenes Wirken erscheint ihnen wie ein Tropfen auf den heißen Stein.[2]

Bei zahlreichen Menschen entsteht der Eindruck, dass wir von einer Katastrophe in die nächste hineinschlittern. Viele treibt die ohnmächtige Sorge um unseren *Planeten* um: Wir steuern auf Kipppunkte zu, die das weltweite Klima unumkehrbar verändern werden, und haben diese teilweise bereits überschritten. Meere werden zugemüllt und Böden versiegelt, täglich sterben 150 Tier- und Pflanzenarten unwiderruflich aus, der Grundwasserspiegel sinkt und der Meeresspiegel steigt, Extremwetter häufen sich und Amazonien wird verwüstet ... Ob die kommenden Generationen noch einen lebenswerten Planeten vorfinden werden und ob die menschliche Zivilisation überhaupt überleben wird, ist zumindest unsicher geworden! Ungezählte Konferenzen beschwören den Ernst der drohenden Klimakatastrophe, vor welcher der *Club of Rome* bereits in den 1970er-Jahren gewarnt hat, doch Ressourcenverbrauch und unverhältnismäßiger Konsum sind seitdem massiv gestiegen.

Alles in allem steuern wir auf eine globale Katastrophe zu! Angesichts dessen greift das Gefühl der Machtlosigkeit um sich: gegenüber Regierungen, die sich vielerorts eher an Lobbyinteressen als am Gemeinwohl orientieren, gegenüber Konzernen, die Regenwälder in Monokulturen verwandeln, gegenüber dem grassierenden Konsumwahn, der die Spirale von Ressourcenverbrauch und Müllproduktion weit über die Grenzen des planetar Erträglichen am Laufen hält.

Die *Coronapandemie* fügt sich in dieses Krisenszenarium ein. Dass ein winziger Virus die Dynamik einer technologisch hochgerüsteten Gesellschaft total ausbremsen (»downlock«) und die Welt auf den Kopf stellen kann, überstieg unser Vorstellungsvermögen. Die rasante und weltweite Ausbreitung eines Virus offenbart eine Schattenseite der lange Zeit von vielen gepriesenen Globalisierung und enttarnt den Glauben an die Beherrschbarkeit von Krankheit und Tod als bloßes Wunschdenken.

Ein drittes Großereignis, das auf breiter Ebene Gefühle von Hilflosigkeit und Ausgeliefertsein weckt, ist der *Angriffskrieg gegen die Ukraine* mit all seinen menschlichen, politischen und wirtschaftlichen Folgen. Laut einer Studie des rheingold instituts leiden die Menschen nach Ausbruch des Ukrainekrieges noch stärker als zu Beginn der Coronapandemie an einem extremen Ohnmachtsgefühl. »Sie fühlen sich paralysiert wie das Kaninchen vor der Schlange und wissen nicht, was sie – jenseits des Befürwortens der vollzogenen Sanktionen – noch machen können.« Viele fühlen sich »manövrierunfähig und völlig niedergedrückt. Sie haben das schwindelige Gefühl, dass ihnen der Boden unter den Füssen entzogen wird.«[3]

Der Ukrainekrieg birgt ein unabschätzbares Eskalationspotenzial, in dem auch ein Atomkrieg gefährlich nahe rückt. Hungerkatastrophen mehren sich und der Traum von einer demokratischen Modernisierung der ganzen Welt, der in den 90er-Jahren so hoffnungsvoll begonnen hatte, zerplatzt wie eine Seifenblase. Wut, Trauer und Angst wechseln sich ab mit Ernüchterung und Ohnmacht.

Und nicht zuletzt kann einen das Gefühl von Ohnmacht überkommen, wenn man an rechtsextreme Gewalt denkt, an das weltweite Erstarken autoritärer Parteien und Regime, an flüchtende Menschen, die im Mittelmeer ertrinken, an die Kriege in Syrien, Kongo und Jemen, an die Unterdrückung von Frauen in Afghanistan und vielen anderen Ländern ... Auf all das haben wir wenig oder gar keinen Einfluss.

Eine Zu-mutung
Beim Schreiben dieser Zeilen fühle ich mich wie eingezwängt zwischen zwei Ängsten: zwischen der Angst vor den Abgründen, auf die wir zusteuern, und der Angst anzuerkennen, wie krank unsere Welt ist. Denn das könnte mich in Resignation und Verzweiflung stürzen. Auch sehe ich vor meinem inneren Auge, wie Leser:innen abwehrend abwinken: »All das regt mich so auf, dass ich lieber gar nicht daran denke!« Oder: »Ich will mich damit nicht auseinandersetzen, denn das zieht mich nur runter!« Doch wie können wir die anstehenden Probleme auch nur ansatzweise angehen, wenn wir diese für zu deprimierend halten, um überhaupt darüber nachzudenken?!

Ja, die Welt raubt mir den Atem! Ich komme mit dem Mitdenken und Mitfühlen nicht mehr hinterher. Und doch: jede Veränderung beginnt damit, dass wir beschreiben, was ist, und dass wir die harte Realität anerkennen!

Aus diesem Grund müssen wir uns auch der lähmenden Angst vor der Ohnmacht stellen. Es gilt, uns mit den Gefühlen von Überforderung und Hilflosigkeit mutig auseinanderzusetzen. In dem Maß, in dem wir das tun, werden wir auch die Kraft in uns entdecken, positive Zukunftsperspektiven zu entwickeln und an ihrer Umsetzung mitzuarbeiten.

Ohnmacht: Eine Nebenwirkung der modernen Gesellschaft
Unsere Gesellschaft gibt im Blick auf Ohnmacht und Hilflosigkeit ein facettenreiches und widersprüchliches Bild ab. Auf der einen Seite geben Selbstbestimmung und Autonomie den Ton an. Das Streben nach Kontrolle und Sicherheit gehört zu den Megatrends unserer Gesellschaft, und die Wunschvorstellung der Machbarkeit prägt das Lebensgefühl der Moderne. Auf der anderen Seite gibt es aber auch viele Erfahrungen von Ohnmacht und Aussichtslosigkeit. Diese dürfen jedoch häufig nicht zu Bewusstsein kommen, sondern werden verdrängt oder geleugnet. Ohnmacht ist ein wesentlicher Schatten der Leistungsgesellschaft.

In diesem Zusammenhang zeigt sich ein weiterer, auf den ersten Blick überraschender Aspekt: Die aufgeklärt-moderne westliche Welt baut auf das Versprechen zunehmender Sicherheit und Selbstbestimmung – und gerade in ihr breiten sich Ohnmachtsgefühle ständig weiter aus! Globalisierung und Zeitverträge machen die berufliche Situation immer unsicherer und wecken Gefühle von Machtlosigkeit und Ausgeliefertsein. Die allgegenwärtige Beschleunigung im Berufs- und Privatleben manövriert uns in eine Situation permanenter Überforderung hinein. Und auch die moderne Technik schafft eine widersprüchliche Situation: Wir können per Streamingdienst über 100 Millionen Musiktitel abrufen, das weltweite Wissen mit einem Klick abfragen, die Heizung oder Klimaanlage per Fernbedienung anschalten und den Raum in beliebige Farbtöne tauchen. Was für eine Fülle an Möglichkeiten – bis der Strom ausfällt oder die Technik aussetzt ... Dann bekommen wir nicht mal mehr die Fensterscheibe im Auto geöffnet und es kommt kein Wasser mehr aus den Leitungen. Wir können uns glücklich schätzen, wenn ein Wartungsdienst im Lauf der nächsten 24 Stunden in der Lage ist, das Problem zu beheben. Insbesondere führt auch der ständige *Selbstoptimierungsdruck* das Gefühl von Ohnmacht und Überforderung im Schlepptau mit sich. »Effizienter arbeiten«, »Sich noch effizienter erholen«, »Bauch weg«, »Mehr Selbstachtung« rufen einem Werbespots und Buchtitel entgegen und lassen keinen Aspekt des Lebens aus. Es gilt, das Beste aus sich herauszuholen, und daher müssen wir dauernd an uns arbeiten: an der Beziehung, am Auftreten, an der inneren Ruhe ... Für jedes Thema warten Dutzende von Ratgebern und Onlineartikeln auf einen. Der Nachteil: Wenn es trotz dieser tollen Tipps nicht gelingt, abzunehmen, die ideale Partnerin zu finden und im Beruf durchzustarten, dann glauben wir rasch, dass es an uns liegt. Wir haben uns nur nicht genügend angestrengt, die falsche Trainings-App hochgeladen, zu früh aufgegeben ... Die Wahrheit dagegen lautet schlicht: Wir können nicht alles kontrollieren und bewerkstelligen.

Das Fatale ist: Der Selbstoptimierungstendenz lässt sich so schwer entkommen, weil sie unsere Kultur durch und durch prägt. In der neoliberalen Gesellschaft gibt das unternehmerische Selbst das Leitbild ab. Wir sollen auch unser eigenes Leben managen, und es herrscht die Vorstellung: »Alles ist möglich – wenn du nur willst und hart genug arbeitest!« Die Kehrseite dieser Gewinnermentalität jedoch lautet: »Wenn du etwas nicht erreichst, hast du zu wenig Biss oder strengst dich nicht genug an. Verlierer haben selbst Schuld!« Und selbst, wenn einem die Dinge gelingen, gerät man in eine Beschleunigungsfalle, denn auch das Beste lässt sich immer noch optimieren. Und so schraubt sich das Ego-Tuning wie von selbst immer weiter nach oben.

Doch wer ständig an sich arbeitet, ist am Ende völlig geschafft. Daher wundert es nicht, dass das »unternehmerische Selbst« oft ein »erschöpftes Selbst« ist. In der Folge breiten sich Gefühle von Ohnmacht und Überforderung fortwährend aus und Depressionen, Burn-out und das Leiden an Sinnlosigkeit greifen um sich. All diese Entwicklungen sind das Spiegelbild einer Gesellschaft, die das Motto des amerikanischen Traums verinnerlicht hat: »Jeder Tellerwäscher ist seines Glückes Schmied.«

Immer offensichtlicher zeigt sich: Die Idee der Machbarkeit und das Streben nach Optimierung mutieren unter der Hand zu einer lebensfeindlichen Illusion und heillosen Überforderung. Sie entwickeln eine Dynamik, die sich zunehmend gegen den Menschen richtet – und dies auch in der *politischen Sphäre*. Ein erschütterndes Beispiel: der Freitod des Hessischen Finanzministers Thomas Schäfer zu Beginn der Coronapandemie im März 2020.

Warum ein Mensch sich selbst tötet, lässt sich letztlich nie beantworten – nicht einmal, wenn dieser selbst einen Grund nennt, wie es Thomas Schäfer tat. Doch seine offenkundige Verzweiflung darüber, die Ansprüche der Wähler und Medien nicht erfüllen zu können, spricht Bände. Wer in der Coronakrise – oder im Ukrainekrieg – Regierungsverantwortung hat, leidet unter einem immensen Druck: Bürger und Medien erwarten schnelle Lösungen und klare Antworten. Doch auch Politiker:innen müssen sich in Krisenzeiten behutsam vorantasten. Vor allem aber müssen sie auf der Basis von vorläufigem Wissen weitreichende Entscheidungen treffen – und können nur hoffen, von zwei Übeln das geringere gewählt zu haben. Auf dem Höhepunkt der Coronapandemie Ausgangsbeschränkungen aufzuheben kostet Menschenleben; sie beizubehalten zerstört ebenfalls Existenzen. Der Ukraine schwere Waffen zu liefern bringt Menschen den Tod – sie nicht zu liefern ebenso. Es gibt keine Gewissheiten und keine klaren, eindeutigen Lösungen! Wer in solchen Zeiten und Dilemmasituationen politische Entscheidungen trifft, wird Fehler machen.

Das zu akzeptieren täte allen Bürgerinnen und Bürgern gut! Und das heißt auch, sich vom illusionären Wunsch nach einfachen Lösungen und Sicherheit zu verabschieden. Denn nur so gewinnen wir eine gewisse Resistenz gegenüber falschen politischen Versprechungen – die allzu gern ein Ende der Ohnmacht in Aussicht stellen. Einfache Patentlösungen gibt es nur aus der Trickkiste der Demagogen. »Wir können nicht zaubern, sondern nur das Menschenmögliche tun, um Schaden von unserem Land abzuwenden«, schrieb Thomas Schäfer in einem seiner letzten Tweets. Dies könnte, so Matthias Drobinski in seinem Kommentar in der *Süddeutschen Zeitung*, sein Vermächtnis sein.[4]

2. Wie es zur Ohnmacht kommt

Annäherungsversuche

Ursprünglich stammt der Begriff »Ohnmacht« aus dem medizinischen Bereich und bedeutet einen vorübergehenden Verlust des Bewusstseins. Die psychologische Bedeutung der – gefühlten oder tatsächlichen – Machtlosigkeit trat erst später hinzu. Doch ob jemand in Ohnmacht fällt oder sich ohnmächtig fühlt: Beide Male kommt es zu einem Kontrollverlust.

Wer sich ohnmächtig fühlt, spürt: Ich habe keinen oder nur einen unzureichenden Einfluss auf eine Situation, unter der ich leide. Ich bekomme ein bedrohliches Geschehen nicht in den Griff. Ich bin Menschen oder Ereignissen schutzlos preisgegeben und habe keine Kontrolle. Kurz gesagt: Das Ohnmachtsgefühl hat mit dem Verlust von Einfluss und Macht zu tun, genauer: mit dem Verlust von Selbstwirksamkeit. Es herrscht der Eindruck, ich kann mein Leben nicht wirksam (mit-)gestalten.

Unglücklicherweise gibt es kaum einen Lebensbereich, in dem sich dieses quälende Empfinden nicht zu Wort melden kann! Drei Bereiche lassen sich grob unterscheiden:

Erstens können Ohnmachtsgefühle aufkommen angesichts der vielfachen Krisen unserer Welt, aber auch den globalen

Finanzmärkten und den lokalen Finanzämtern gegenüber: Man fühlt sich undurchschaubaren Mechanismen oder einer anonymen Bürokratie ausgeliefert.

Zweitens hält das alltägliche Leben vielfältige Ohnmachtserfahrungen bereit: Ein Kollege lässt mich auflaufen; jemand hilft nicht wie versprochen beim Umzug; die Partnerin geht fremd; jemand wird mir gegenüber gewalttätig; ein geliebter Mensch rennt in sein Unglück ... Doch nicht nur in Beziehungen, sondern auch in Begebenheiten kann uns Ungewolltes widerfahren: Das neue Update hat den Laptop schachmatt gesetzt oder ich hänge stundenlang mit Mozarts »Kleiner Nachtmusik« in der Warteschleife eines Betriebes, von dem ich eine Auskunft benötige.

Der *dritte* Bereich überrascht vielleicht: nämlich das Erleben, *sich selbst* hilflos ausgeliefert zu sein. Und doch kennen vermutlich alle solche Momente! Da kommt jemand trotz Anstrengung von einer schlechten Angewohnheit oder Sucht nicht los. Eine andere erlebt sich ihren Gefühlen, Launen oder Bedürfnissen ausgeliefert oder ist gefangen in Mustern und Zwängen ... Und dann ist da noch der eigene Körper: Natürlich, in erster Linie ist er die Basis unserer Lebendigkeit und eine Quelle von Lust und Leistungskraft. Genau betrachtet handelt es sich bereits um eine echte Meisterleistung, selbstständig gehen zu können – was Kinder beim Laufenlernen deutlich spüren. Doch oft genug hält der Körper auch schmerzhafte Ohnmachtserfahrungen bereit: Etwa 40 Prozent der Bevölkerung leiden an chronischen Krankheiten, die vielfach mit starken Schmerzen einhergehen.[5] Nicht wenige Männer und Frauen sind unfruchtbar; der Hormoncocktail in den Wechseljahren quält und trotz täglichen Trainings schwinden mit dem Alter die körperlichen Kräfte – bis man eines Tages nicht mehr ohne fremde Hilfe gehen kann und in immer mehr Belangen des Lebens auf Unterstützung angewiesen ist. All das sind

Vorboten des totalen Kontrollverlusts: des eigenen Sterbens. Der Tod ist die letzte und radikalste Ohnmachtserfahrung.

Es zeigt sich: Erfahrungen von Ohnmacht und Kontrollverlust sind weitverbreitet und normal. Wir erleben Ohnmacht, wenn wir – gefühlt oder tatsächlich – keinen Einfluss darauf haben, eigene Wünsche zu verwirklichen, weil äußere oder innere Kräfte uns daran hindern. Oder zweitens, wenn wir einem widrigen Ereignis ausgesetzt sind, ohne es beeinflussen zu können. Vor allem aber stellt sich Ohnmacht ein, wenn wir uns existenziell bedroht fühlen, etwa aufgrund einer schweren Erkrankung oder weil körperliche oder seelische Grenzen missachtet werden. Oder wenn gefühlt oder tatsächlich unabwendbare Gefahren auf unsere Gesellschaft zukommen.

Und schließlich: Wird unsere Würde in fundamentaler Weise verletzt und sind wir an Leib und Leben gefährdet, dann spitzt sich das Erleben von Ohnmacht in traumatischer Weise zu. Naturkatastrophen wie eine verheerende Flut, Unfälle, Einbrüche oder Vergewaltigung gehören zu diesen traumatisierenden Erfahrungen, die mit Gefühlen von Hilflosigkeit und schutzloser Preisgabe einhergehen. Sie können – nicht müssen! – uns psychisch schwer erkranken lassen und es empfiehlt sich, professionelle Hilfe aufzusuchen, um mit dem Geschehen leben zu lernen und die Seele zu entgiften.

In diesem kurzen Überblick über verschiedene Erfahrungsfelder von Hilflosigkeit und Ohnmacht deutet sich eine wichtige Unterscheidung an, die auch gesellschaftlich von Bedeutung ist: Auf der einen Seite gehört es einfach zum individuellen und sozialen Leben, dass wir manches nicht verändern können, sondern ertragen müssen. Dass wir kleinen und großen Nöten unausweichlich ausgesetzt sind. Dass wir an Leib und Seele erkranken können, mit dem Alter die Kräfte schwinden und wir sterben werden. Die Erfahrung von Ohnmacht und Hilflosigkeit gehört zu den *Grundkonstanten unseres Lebens!* Das ist zwar unschön, aber wahr.

Auf der anderen Seite gibt es aber auch Ohnmachtserfahrungen, die *nicht sein müssten und vor allem auch nicht sein dürfen!* Nämlich dann, wenn an ihrer Wurzel Machtmissbrauch oder Gewalt, Abhängigkeit, rechtliche Benachteiligung oder strukturelles Unrecht stehen. Einzelpersonen, aber auch ganze gesellschaftliche Gruppen oder Nationen können davon betroffen sein. Gesellschaftspolitische Ohnmacht (»powerlessness«) zu überwinden und die Betroffenen darin zu unterstützen, ihr Leben selbstbestimmter zu gestalten (»empowerment«), ist eine soziale und politische Aufgabe ersten Ranges.

Die Kette im Kopf
»Beim Familienfest war es wieder so weit: Es ging um die Frage, was wir Geschwister mit unserem Elternhaus machen, das bereits seit Jahren leer steht. Es kam zum Streit, ich fühlte mich wie gelähmt und mein Kopf schien wie leer gefegt. Ganz ähnlich geht es mir in beruflichen Konflikten. Ich bin einfach nicht fähig, mich zu behaupten! Ich schaffe es nicht, für mich und meine Interessen einzutreten.« Überrascht höre ich der Frau zu, die mit resignierter Stimme ihr Leid klagt, habe ich sie doch als eine begabte und kraftvolle Person kennengelernt. Doch in den beschriebenen Situationen fühlt sie sich einfach nur machtlos. Ein erster Lichtblick tut sich auf, als ihr deutlich wird: Sich ohnmächtig und hilflos zu *fühlen* heißt noch lange nicht, auch tatsächlich ohnmächtig und hilflos zu *sein!* Eine Geschichte des argentinischen Autors und Psychotherapeuten Jorge Bucay illustriert diesen Unterschied in anschaulicher Weise.

Ein kleiner Junge liebt den Zirkus. Insbesondere fasziniert ihn der Elefant mit seiner ungeheuren Größe und Kraft. Was ihm jedoch ein Rätsel aufgibt: Jeden Abend wird der Riese an einen kleinen Holzpflock angekettet. Nur eine Handbreit tief ist dieser in den Boden geschlagen. Warum um Himmels willen zieht der Elefant nicht den Pflock heraus, an den er festgebunden ist? Warum macht er sich nicht aus dem Staub?

Da erklärt ihm ein weiser Mann, dass der Elefant, als er klein war, an diesen Holzpflock gekettet worden ist. Er zerrte und zog daran, aber hatte nicht die Kraft, sich zu befreien. Irgendwann fügte er sich in sein Schicksal. Heute reißt er nicht mehr an seiner Kette, weil er glaubt, dass er es nicht kann. Allzu tief hat sich die Erinnerung in sein Gedächtnis eingebrannt, wie ohnmächtig er sich kurz nach seiner Geburt gefühlt hat. Das Fatale: Nie wieder hat er gewagt, diese Erinnerung ernsthaft zu hinterfragen. Dabei müsste der große Elefant sich nur ein einziges Mal trauen, seine Kraft auf die Probe zu stellen – und schon wäre er frei.

Diese traurige und zugleich wegweisende Parabel trifft auch auf manche Bereiche im eigenen Leben zu. Insbesondere in Beziehungen kommt es vor, dass Menschen sich *zu früh* hilflos fühlen. Sie halten sich für schwach und machtlos, ohne es in Wahrheit zu sein.

Gefühle von Ohnmacht und Hilflosigkeit reichen weit zurück in die eigene Biografie. Säuglinge und kleine Kinder sind hilflos und darauf angewiesen, dass Erwachsene sich um sie kümmern und ihnen Zuwendung schenken. Die Erfahrungen, die wir als Kinder mit unseren primären Bezugspersonen machen, lagern sich im emotionalen Gedächtnis ab und prägen, weitgehend unbewusst, unsere jetzigen Beziehungen.

Bin ich im Wissen aufgewachsen, gesehen und angenommen zu sein, wie ich bin, dann liegt darin die Grundlage für eine positive Beziehung zu mir selbst – und diese braucht es, um im guten Kontakt mit mir, mit meinen Gefühlen und meiner Kraft zu stehen. Hat mir als Kind niemand zur Seite gestanden, dann fehlt mir diese Basis und ich werde später nur schwer zu mir selbst stehen können. Das bedeutet: Je ohnmächtiger ich mich als Kind erlebt habe, desto kindlicher fällt auch mein Ohnmachtserleben als erwachsener Mensch aus.

Ein Beispiel: Ein Mädchen hatte lange Zeit unter seinem cholerischen Vater zu leiden. Wird ihr jetziger Chef in der Firma bisweilen etwas lauter, kann es passieren, dass sie in ihm unbewusst den bedrohlichen Vater aus Kindheitstagen sieht. Und schon tauchen die gleichen Ohnmachts- und Schwächegefühle auf wie damals. Oder: Jemand vermag gegenüber den Wünschen und Launen der Partnerin keine Grenzen zu ziehen, weil er als Kind die Mutter schonen und »glücklich« machen musste, um überhaupt wahrgenommen und geliebt zu werden. Schaut seine Frau ihn vorwurfsvoll-enttäuscht an, fällt er in seine Kinderrolle zurück. Unbewusst überträgt er seine damals existenziell bedrohlichen Verlassenheitsängste auf seine Frau und setzt sich dadurch selbst schachmatt. Andere schließlich trauen sich kaum etwas zu, weil sie als Kind entmutigt wurden mit Sätzen wie: »Lass die Finger davon. Du hast zwei linke Hände.« Oder: »Mit deiner Begriffsstutzigkeit treibst du mich noch in den Wahnsinn!«

Egal, ob es sich um eine bestimmte Konstellation handelt, in der eigene Gefühle von Hilflosigkeit getriggert werden, oder um eine grundsätzliche Lebenseinstellung, in der Entmutigung den Ton angibt: Beide Male läuft im Gehirn ein Hintergrundprogramm ab, das uns daran hindert, für uns und unsere Belange einzutreten; das uns in bestimmten Verhaltensmustern festhält und ausbremst, unsere Fähigkeiten mit Energie einzusetzen; das uns davon abhält, uns zu wehren und uns selbst zur Seite zu stehen. In solchen Situationen ähneln wir dem Zirkuselefanten: Wir glauben, einer Person schutzlos preisgegeben zu sein – denn schließlich war es früher auch so. Oder wir meinen, eine Menge von Dingen nicht zu können – denn schließlich hat es vor Jahren auch nicht geklappt. Indem wir unseren aus Kindertagen stammenden Ohnmachtsgefühlen blind glauben, verharren wir in einer Unfreiheit, die uns Tag für Tag klein beigeben lässt. Und übersehen, dass wir als Erwachsene heute durchaus in der Lage sind, kraftvoll für uns selbst einzutreten.

Checke dich selbst!
- An welche Ohnmachtserlebnisse aus Kindertagen erinnere ich mich?
- Erlebe ich auch heute noch Ohnmacht? Wo, durch was oder durch wen? Wie reagiere ich darauf – gedanklich, emotional, körperlich?

Wie Gefühle entstehen

Ohnmachtsgefühle sind ein subjektives Empfinden – und dieses kann einer Situation mehr oder weniger angemessen sein. Das gilt natürlich nicht nur für Gefühle von Hilflosigkeit und Schwäche, sondern für alle Ihre Gefühle! Das bedeutet auch: Sie können sich nicht nur *zu früh,* sondern auch *zu spät* ohnmächtig fühlen. Manche meinen beispielsweise, dass sie ihren Alkoholkonsum im Griff haben, aber genau genommen hat die Sucht sie im Griff. Ihr Gefühl von Kontrolle täuscht sie und lässt sie unbekümmert immer tiefer ins Glas schauen.

Grundsätzlich gilt: Alle unsere Gefühle haben wichtige Funktionen – auch die sogenannten negativen Gefühle wie Ohnmacht oder Angst. Zugleich zeigt sich emotionale Intelligenz aber auch darin, den eigenen Gefühlen nicht einfach blind zu glauben, sondern sie zu prüfen und gegebenenfalls bewusst gegenzusteuern.

Um die wichtigen Signale der Gefühle von Hilflosigkeit und

Machtverlust wahrzunehmen, ohne sich von diesen vorschnell lähmen zu lassen, hilft es zu wissen, wie Gefühle entstehen.

Vereinfacht lässt es sich so beschreiben: Befinden Sie sich in einer für Sie bedeutsamen Situation – geraten Sie etwa in einen Konflikt –, schätzt Ihr Gefühlszentrum die Lage in Bruchteilen von Sekunden ein und dies geht mit unmittelbaren körperlichen Reaktionen einher. Ihr Gefühlszentrum greift dabei auf Ihr emotionales Erfahrungsgedächtnis zurück. Dieser Rückgriff auf den eigenen Erfahrungsspeicher hat zur Folge, dass die *unmittelbare emotionale Einschätzung* einer Situation hochindividuell, großteils unbewusst und ungenau ist. Sie kommt angesichts eines Konflikts vielleicht paradoxerweise als spielerische Freude daher und Sie denken: »Eine schöne Gelegenheit zum Kräftemessen!« Oder in anderen Fällen als lähmende Angst: »Hilfe, ich bin der Situation ausgeliefert!« Wieder andere verspüren verärgert den Impuls: »Dem zeig ich es jetzt!«

Je nachdem, wie Sie eine Situation bewerten, entsteht ein anderes Gefühl. Und daher können verschiedene Menschen auf ein und dieselbe Situation auch emotional höchst unterschiedlich reagieren.

Doch wir Menschen sind unserem Gefühlszentrum – umgangssprachlich: unserem Bauch – und seiner unmittelbaren Einschätzung nicht einfach ausgeliefert. Vielmehr können und sollen wir unseren Kopf einschalten, um genauer hinzuschauen.

Aus einem Elefanten eine Mücke machen

Vielleicht haben Sie als Kind einmal erlebt, wie eine Fliege auf einem Lampenschirm einen gigantischen Schatten an die Wand geworfen und Sie geängstigt hat. Doch dann haben Sie die Ursache entdeckt und erleichtert aufgeatmet. Ähnlich wirken Erlebnisse, die Angst und Ohnmacht in uns wecken, oft wie Figuren aus einem Schattenspiel. Auf der Projektionsfläche sehen sie groß und bedrohlich aus. Schauen wir aber hinter die

Kulissen, so nehmen wir ihre wahre Größe bzw. Kleinheit wahr.

Wer sich in einer Situation hilflos oder total unsicher und ängstlich fühlt, tut daher gut daran, seiner Wahrnehmung eine gewisse Skepsis entgegenzubringen und einen Abgleich mit der Realität durchzuführen. Zum einen können wir den Scheinwerfer in unser *Inneres* richten und uns fragen: »Was empfinde ich gerade? Wie habe ich die Situation spontan im ersten Augenblick bewertet? Und spielen in meine pessimistische Bewertung möglicherweise alte Wunden oder Reaktionsmuster mit hinein?« Ist Letzteres der Fall, dann wäre es wichtig, die eigenen Gefühle nicht abzuwerten, auch wenn sie sich überdimensioniert aufblasen. Vielleicht erinnert einen die aktuelle Situation unbewusst an eine frühere, tatsächlich bedrohliche Lage ... Zum anderen empfiehlt es sich, die konkrete *Situation* möglichst realistisch auszuleuchten: Wie dramatisch ist sie wirklich? Und was kann ich tun?

Indem wir darüber nachdenken, was da gerade in uns und um uns herum passiert, und nach Wegen der Bewältigung suchen, kommt es zu einer *permanenten Neubewertung* der Situation. Und diese beeinflusst – aufgrund der Verbindung von Denken und Fühlen – allmählich wiederum unsere Gefühlswelt.

Vielleicht kennen auch Sie das: Manchmal führt die Neubewertung der Situation dazu, dass sich das Ohnmachtsgefühl wie Nebel im wärmenden Morgenlicht auflöst. Ich erkenne, dass ich mich getäuscht habe, und atme erleichtert auf. In anderen Fällen bestätigt ein Faktencheck den Ernst der Lage, aber zugleich entdecke ich auch Handlungsspielräume – und dies weckt Mut, Zuversicht und die Entschlossenheit zu handeln. Und bisweilen sehe ich mich tatsächlich mit Unausweichlichem konfrontiert. Ich betrachte die Lage (mehr), wie sie ist – und dies ebnet den Weg, um mit der Situation und meinen Ohnmachtsgefühlen besser umzugehen.

Erlernte Hilflosigkeit

Ohnmachtsgefühle hängen insbesondere davon ab, wie eine Person sich selbst wahrnimmt, wie sie die Situation interpretiert und welche belastenden Erfahrungen aus ihrer Kindheit sie noch mit sich herumträgt. Grundsätzlich gilt: Je häufiger Menschen die Erfahrung machen, einer Situation hilflos ausgesetzt zu sein, desto weniger glauben sie, überhaupt etwas bewirken oder kontrollieren zu können. Verfestigt sich ihre Überzeugung, dann entwickelt sich bei ihnen die sogenannte *erlernte Hilflosigkeit.*

Aufbauend auf den Forschungen von Martin Seligman in den 1960er-Jahren haben viele Studien zur erlernten Hilflosigkeit belegt: Eine entmutigte Lebenseinstellung ist keine direkte und unvermeidliche Folge schlechter Erfahrungen. Vielmehr hat sie ihre Ursache in entmutigenden Gedanken und Überzeugungen. Hilflosigkeit entsteht – wie beim Zirkuselefanten – im Kopf. Wer sich als hilflos einschätzt, *ist* hilflos!

Fatalerweise führt die gelernte Hilflosigkeit zu Motivationsverlust, Lernstörungen und zu Depressionen. Es entsteht eine negative Spirale: Die erlernte Hilflosigkeit legt jede *Initiative* lahm. Denn wenn ich zu der Überzeugung gelangt bin, dass ich durch mein Handeln das Geschehen nicht beeinflussen kann, besteht auch kein Grund mehr, in dieser Sache überhaupt noch etwas zu unternehmen. Ebenso beeinträchtigt gelernte Hilflosigkeit die *Lernfähigkeit.* Denn selbst wenn objektiv die Möglichkeit besteht, die Situation zu beeinflussen: Sobald ich resigniert habe, bin ich nicht mehr in der Lage, dies herauszufinden, weil ich es eben gar nicht mehr ausprobiere. Ungenutzt lasse ich Gelegenheiten an mir vorüberziehen, die mir zeigen würden, dass ich Herausforderungen aus eigener Kraft meistern kann. Das verstärkt das Gefühl von Ohnmacht noch mehr, und die Überzeugung der Hilflosigkeit wird zur sich selbst erfüllenden Prophezeiung. Und schließlich kann die entmutigte

Lebenseinstellung zu Niedergeschlagenheit und *depressiven Verstimmungen* führen. Pointiert gesagt: Gelernte Hilflosigkeit macht apathisch, dumm und depressiv!

»Ich bin hilflos. Ich kann nichts bewirken.« – Es gibt kaum eine fatalere Überzeugung für einen Menschen oder eine Gesellschaft wie diese! Mutlosigkeit ist für die Einzelnen eine Tragödie, denn die Betroffenen bleiben weit hinter ihren Möglichkeiten zurück. Und es führt eine Gesellschaft an den Abgrund, wenn ihre Mitglieder nicht mehr an ihre Lösungsbegabung und Handlungskompetenz glauben.

Fragen hilft weiter

Um aus dieser Abwärtsspirale von pessimistischer Einstellung und entmutigender Erfahrung auszubrechen, empfiehlt es sich, die eigenen negativen Überzeugungen kritisch zu hinterfragen.

Wie funktioniert ein solches Erörtern? Hier zwei Beispiele: Eine Frau, Anfang 40, sagt über sich selbst: »Eine neue Partnerschaft würde ich gerne eingehen, ich fühle mich unglaublich allein – aber ich befürchte, dass es am Ende wieder schiefgeht. Ich vermassle einfach alles!« Und ein 75-jähriger Mann, der von seinen Kindern ein iPad geschenkt bekommt, meint mit einem ohnmächtigen Schulterzucken: »Ich bin zu alt, um damit klarzukommen!« Beiden ist zu empfehlen, ihre Gedanken anhand von vier Leitfragen kritisch zu überprüfen. Der Großvater kann sich etwa fragen:

1. *Beweise*: Welche Belege gibt es für deine Auffassung?
2. *Alternativen*: Vom Alter abgesehen, welche anderen Gründe könnte es geben, dass du das bisher noch nicht gelernt hast?
3. *Was wäre, wenn ...*: Welcher Schaden könnte entstehen, wenn du es einfach mal versuchst?
4. *Nutzen*: Helfen dir diese pessimistischen Gedanken, bringen sie dich weiter?

Oft führt eine solche Selbstbefragung zu einem Mut- und Motivationsschub – etwa zu dem Entschluss: »Na gut, dann probiere ich es eben aus!« Und es ist einfach so: Der einzige Weg herauszufinden, ob wir etwas können oder nicht, liegt darin, es zu versuchen, und zwar mit vollem Einsatz.

Wenn Sie in Ihrem Leben auf Überzeugungen stoßen sollten wie: »Ich lerne das nie ...«, oder: »Ich schaffe es einfach nicht ...«, dann tun Sie gut daran, diesen nicht einfach blind zu glauben, sondern sie anhand der vier Fragen kritisch durchzuspielen. Das können Sie tun in einem inneren Dialog mit sich selbst oder in einem Gespräch mit einer Person, die Sie unterstützend an Bord holen.

KAPITEL ZWEI: AUF DIE WELT-ANSCHAUUNG KOMMT ES AN

1. Die Welt ist oft besser, als wir denken

Zum Einstieg eine kleine Aufgabe. Bitte beantworten Sie folgende Fragen.

1. Weltweit haben 30-jährige Männer durchschnittlich 10 Jahre lang eine Schule besucht. Wie viele Jahre haben gleichaltrige Frauen die Schule besucht?
    a) 9 Jahre
    b) 6 Jahre
    c) 3 Jahre

2. Heute leben 2 Milliarden Kinder zwischen 0 und 15 Jahren auf der Welt. Wie viele Kinder werden es laut Angaben der Vereinten Nationen voraussichtlich im Jahr 2100 sein?
    a) 4 Milliarden
    b) 3 Milliarden
    c) 2 Milliarden

3. Wie hoch ist die durchschnittliche Lebenserwartung bei der Geburt heute weltweit?
    a) 50 Jahre
    b) 60 Jahre
    c) 70 Jahre

4. Wie viele Menschen auf der Welt haben ein gewisses Maß an Zugang zu Elektrizität?
   a) 20 %
   b) 50 %
   c) 80 %

5. 1990 mussten 58 % aller Menschen von weniger als 2 Dollar pro Tag leben. Wie viele sind es im Jahr 2019 gewesen?
   a) 9 %
   b) 37 %
   c) 61 %

6. Wie viele der 1-jährigen Kinder auf der Welt sind gegen zumindest 1 Krankheit geimpft?
   a) 20 %
   b) 50 %
   c) 80 %

7. Wie hat sich die Zahl der Todesfälle pro Jahr durch Naturkatastrophen über die letzten 100 Jahre entwickelt?
   a) Sie hat sich mehr als verdoppelt.
   b) Sie ist etwa gleich geblieben.
   c) Sie hat sich mehr als halbiert.

Die richtigen Antworten finden Sie auf Seite 203.

Hand aufs Herz: Wie viele Fragen haben Sie richtig beantwortet? Fast alle? Etwa die Hälfte? Oder vielleicht nur eine oder zwei? In dem Fall befänden Sie sich in bester Gesellschaft. Doch ärgern Sie sich nicht über Ihr Unwissen. Genießen Sie vielmehr einen Moment lang das Gefühl, dass die Welt besser ist, als Sie bislang dachten.

Das Früher-war-alles-besser-Gefühl

»Früher war alles besser!« Dieser Gedanke erfreut sich weiter Verbreitung – und dies schon seit Urzeiten. »Die Jugend von heute liebt den Luxus, hat schlechte Manieren und verachtet die Autorität. Sie widersprechen ihren Eltern ... und tyrannisieren ihre Lehrer« – diese Klage brachte schon Sokrates (470–399 v. Chr.) vor, und auch er hatte bereits Vorgänger, welche die gute alte Zeit verklärten.

Heute werden die wachsende Kluft zwischen Armen und Reichen und der Verlust an Solidarität und Zusammenhalt beklagt. Und in Deutschland herrscht im Frühjahr 2022 bei vielen der Eindruck: »Wir geraten von einer Katastrophe in die nächste Schlimmere.«[6] Die Welt, so die vorherrschende Wahrnehmung, wird immer schlechter. Doch lässt sich dieses Früher-war-alles-besser-Gefühl auch mit Fakten belegen? Oder trifft Manfred Rommels spitze Bemerkung zu, Nostalgie sei die Fähigkeit, darüber zu trauern, dass es nicht mehr so ist, wie es früher gar nicht war?

Hans Rosling, der 2018 verstorbene Professor für Internationale Gesundheit in Stockholm, hat sich diese Frage gestellt und seine Erkenntnisse in dem posthum erschienenen Buch *Factfulness. Wie wir lernen, die Welt so zu sehen, wie sie wirklich ist* veröffentlicht. Gemeinsam mit seinem Team entwickelte er einen sogenannten Gapminder-Test mit 13 Fragen zum gesellschaftlichen und gesundheitlichen Fortschritt in der Welt und jeweils drei Antwortmöglichkeiten. Das Quiz, das im Internet fortlaufend aktualisiert wird und dem die obigen Fragen entstammen, will dazu anleiten, den eigenen Eindruck der Welt zu hinterfragen und Fakten sprechen zu lassen.[7] Und diese Fakten sind erstaunlich – erstaunlich gut!

Egal, ob Armut, Bildung, Gesundheit oder Gleichberechtigung: Die positiven Errungenschaften der Menschheit könnten uns zuversichtlich stimmen. Allerdings wissen die meisten

Menschen nichts davon. Denn das Wissen der Menschen ist schlecht – erstaunlich schlecht. So machten im Jahr 2017 insgesamt 12 000 Menschen in 14 Ländern den Gapminder-Test. Im Schnitt beantworteten sie 2 der 13 Fragen richtig. Alter, Bildung und Herkunft spielten dabei keine Rolle. »Jede Gruppe, die ich befrage, glaubt, die Welt sei weitaus bedrohlicher, gewalttätiger und hoffnungsloser – in einem Wort: dramatischer –, als sie in Wirklichkeit ist«, so Rosling. Der Großteil der Menschen sieht die Welt falsch!

Allein mit mangelndem Wissen lässt sich das nicht begründen. Vielmehr zeigt dieses Ergebnis, wie verzerrt unser Weltbild ist. Natürlich nehmen wir in der Regel für uns selbst in Anspruch, die Tatsachen klar und objektiv zu erkennen, doch in Wahrheit fallen wir oft allen möglichen unbewussten Verzerrungen zum Opfer. Wie unzuverlässig die menschliche Wahrnehmung arbeitet, zeigen zahlreiche Studien. Ein Beispiel ist die »selektive Verfügbarkeit«: Denken wir an die Gegenwart, fallen uns eher unsere Probleme ein; beschäftigen wir uns gedanklich hingegen mit der Vergangenheit, sind die Probleme entweder verblasst oder gelöst und wirken weniger bedrängend. In der Folge schneidet die Gegenwart im Vergleich mit der Vergangenheit meist schlecht ab. Die selektive Verfügbarkeit sorgt dafür, dass wir die Vergangenheit gerne schönfärben und die Gegenwart mit einem Grauschleier überziehen.

Ein weiterer verzerrender Faktor: die Macht der Medien.

Steinzeithirn und Smartphone

Irgendwie erstaunlich, oder? Da geht man durch den Alltag in der Annahme, einigermaßen über die Welt Bescheid zu wissen – denn man schaut oder liest ja Nachrichten. Welche Kriterien aber sind es, nach denen jene sich richten?

Auf der Erde leben fast acht Milliarden Menschen in etwa 200 Ländern. Was an einem einzigen Tag an Gutem und

Schlechtem, an Ermutigendem und Erschreckendem alles geschieht, lässt sich in seiner Fülle und Vielfalt nicht darstellen. Doch meist wird nur solches in eine Zeitung gepresst (daher: Presse), was am meisten lärmt oder aufreizt: Überschwemmungen und Waldbrände, Krieg und Mord, Pandemien und Terroranschläge. Manche Sensationsmedien kochen ihr Süppchen auf den Krisenherden dieser Welt. Der journalistische Grundsatz »Bad news are good news« spiegelt das wider: Die Nachrichten werden von Schreckensmeldungen dominiert, schrille Schlagzeilen locken die Käufer zum Kiosk und empörende Einzelereignisse übertönen jede noch so positive Statistik. Das Normale hingegen erregt kein Aufsehen und ist damit keiner Nachricht wert. Dabei täte es der seelischen Gesundheit und dem Realitätssinn gut, ab und an zu lesen, dass ein Zug aus Hamburg pünktlich um 17:13 Uhr in Wien eingetroffen ist.

Ein weiterer Grund, warum die Realität negativer erscheint, als sie eigentlich ist: Plötzliche Ereignisse wie Unfälle oder Katastrophen lassen sich schnell und für alle verständlich erzählen und bebildern. Ein Erdbeben hat eine jahrzehntelang gewachsene Infrastruktur in Sekundenbruchteilen zerstört – das ist eine Nachricht! Fortschritte hingegen entwickeln sich oft schrittweise und langfristig und liefern selten prickelnde Neuigkeiten mit spektakulären Bildern. Die großartigen Entwicklungen etwa in der weltweiten Gesundheitsversorgung erscheinen uns meist so selbstverständlich, dass wir sie kaum wahrnehmen – selbst wenn sie Millionen Menschen betreffen.

Bei Nachrichten passiert Ähnliches wie bei Veränderungen im eigenen Leben: Läuft etwas schief, steht uns dies unmittelbar vor Augen. Positive Entwicklungen hingegen verlaufen eher schleichend und unauffällig und finden ihren Weg nur selten ins individuelle und gesellschaftliche Bewusstsein.

Natürlich, es geht nicht darum, das Negative auszublenden und mit Scheuklappen durchs Leben zu laufen. Das Problem liegt in der einseitigen Berichterstattung: Obwohl die einzelnen Nachrichten über Katastrophen stimmen mögen, so führen sie in der Summe zu einem verfälschten Bild der Welt – und dies mit fatalen Folgen.

Realisieren statt dramatisieren
Tägliche Krisenmeldungen drücken nicht nur unsere Stimmung, sie verzerren auch unseren Blick auf die Wirklichkeit: Konsumieren wir ständig negative Nachrichten, beginnen wir irgendwann, die Missstände als unveränderlich zu betrachten. Wir fangen an zu glauben, dass wir eine schreckliche Situation nicht mal um einen Deut verbessern können. Denn wenn wir immer vermittelt bekommen, dass die Welt schlecht ist und wir daran nichts ändern können, dann halten wir das irgendwann für eine unverrückbare Tatsache. Wir geraten in einen Zustand erlernter Hilflosigkeit!

Hinzu kommt: Wenn wir glauben, dass alles ständig schlechter und schlechter wird, dann halten wir auch alle Bemühungen der letzten Jahrzehnte für vergeblich. Wir büßen das Vertrauen in die Politik und den gesellschaftlichen Fortschritt ein – einfach, weil wir diesen nicht wahrnehmen. Und wir verlieren die Motivation, uns für eine Verbesserung der Situation einzusetzen. Hier wird die negative Sicht zur selbsterfüllenden Prophezeiung.

Hans Rosling warnt: »Die überdramatisierte Weltsicht in den Köpfen der Menschen erzeugt ein permanentes Gefühl von Krise und Stress.« Und in dem weitverbreiteten Glauben, dass Veränderungen und Fortschritt unmöglich sind, liegt eine der größten Gefährdungen unserer Welt. Viele Menschen haben innerlich längst aufgegeben, über eine Zukunft nachzusinnen, die ihnen wünschenswert erscheint. Sie haben aufgehört, von einer Zukunft zu träumen, auf die sie hoffen. Die Negativspirale führt zu einer Epidemie von Angst- und Ohnmachtsgefühlen.

Die Zukunft beginnt damit, dass wir anfangen, einander eine neue Art von Geschichten zu erzählen. Gute Geschichten, die uns weiterbringen, allein weil sie uns zuversichtlich stimmen und Mut machen, den nächsten Schritt zu gehen. So ähnlich wie Hans Rosling mit seinen faktenbasierten Statistiken beweist, dass viele der Veränderungen, von denen Menschen glauben, dass sie nie geschehen würden, bereits längst geschehen sind.

Zweierlei Brillenmodelle

Der jüdische Philosoph Martin Buber machte darauf aufmerksam, dass Menschen zu allen Zeiten versucht haben, die Bedrohung der Welt zu deuten. Laut Buber lassen sich zwei grundlegende Sichtweisen unterscheiden, wie der Mensch die Katastrophen interpretiert und mit ihnen umgeht.[8]

Die eine Grundströmung wird »*Apokalyptik*« genannt. Das apokalyptische Weltbild geht davon aus, dass im Grunde alles schon gelaufen ist. Die Welt rast unaufhaltsam ihrem katastrophalen Untergang entgegen. Sie gleicht dem vorprogrammierten Räderwerk einer Uhr, die auf 5 vor 12 steht und die nicht mehr aufzuhalten ist: Es kommt, wie es kommen muss! Dieser Ablauf wird durch »Wissende« enthüllt (griech.: apo-kalyptein = enthüllen).

Eine solche Untergangsstimmung steht in der Gefahr, zu einer Verschärfung der Krise beizutragen. Denn wer resigniert die Hände in den Schoß legt, macht sich zum Erfüllungsgehilfen der befürchteten Katastrophe. Ja, es stellt sich die Frage: Produziert eine solche Einstellung nicht als »selffulfilling apocalypse« das, was sie predigt?

Dem gegenüber stellt Martin Buber die Grundhaltung der »*Propheten*«. Auch die prophetische Weltsicht lässt sich durch die Geschichte hindurch finden und hat in der Bibel einen bedeutsamen Niederschlag gefunden. Die biblischen Propheten glauben daran, dass sich in der Krise alles noch einmal wenden kann, wenn denn der Mensch sich wendet. Aus biblischer Sicht bangt Gott um seine Schöpfung. Und er mahnt und bittet durch die Propheten geradezu, dass wir die Geschichte dieser Welt noch zum Guten wandeln. So rufen die Propheten dazu auf, nicht beim Blick auf die bedrohliche Situation stehen zu bleiben, sondern umzukehren: den Blick zu wenden hin zu einem hoffnungsvollen Bild der Zukunft. Dorothee Sölle – eine bekannte evangelische Theologin und Dichterin – formuliert pointiert: »Da kann man nichts machen, ist der gottloseste aller Sätze.«

Die apokalyptische und die prophetische Grundhaltung lassen sich nicht nur in philosophischen oder religiösen Strömungen der Vergangenheit finden, sondern auch im Lebensgefühl der heutigen Zeit. Wir alle tragen Zukunftsbilder in uns: dunkle und hoffnungsvolle. Neige ich eher zu der Grundstimmung, dass sowieso alles zu spät und nichts mehr zu retten ist? Oder will ich der Hoffnung Glauben schenken, dass immer noch eine Wende möglich ist – wenn Menschen neu zu denken und zu handeln beginnen?

Hätte jemand 1988 behauptet, dass im nächsten Jahr die Berliner Mauer fallen wird, hätte man ihn für einen Fantasten gehalten. So stählern betoniert schien der Ablauf der Geschichte. Und doch gab es prophetische Stimmen, die gegen alle Wahrscheinlichkeit an eine andere Zukunft glaubten. Menschen, die sich in Leipzig zum Friedensgebet trafen und deren prophetische Haltung zur »Wende« geführt hat.

2. Mit dem Zweiten sehen Sie besser

Gesünder durch Diät
Wie wir die Welt sehen lautet der Titel eines Buches von Ronja von Wurmb-Seibel, einer ehemaligen Afghanistan-Journalistin. Fundiert und unterhaltsam zeigt sie auf, wie eine verzerrte Berichterstattung unser Wahrnehmen und Denken beeinflusst.

Eindrücklich ihr Vergleich mit der Pädagogik: Bringen wir einem Kind bei, seine Schnürsenkel zu binden, kommt niemand auf die Idee, ihm einen Vortrag zu halten über die 50 Wege, wie man Schnürsenkel nicht bindet, und welche Verletzungsgefahren drohen. Man zeigt dem Kind einfach, wie es geht – und irgendwann kann es das selbst.

Verrückterweise ist aber genau diese absurde Lernmethode – »Ich zeige dir, wie es nicht geht« – weitverbreitet: Unser Blick wird oft vor allem darauf gelenkt, was nicht funktioniert hat. So lernen wir im Geschichtsunterricht etwa viel darüber, wie Kriege entstehen, verlaufen und enden, aber erfahren erstaunlich wenig darüber, wie Versöhnung und Frieden gelingen …
Um diese Engführung aufzubrechen, gilt es, eine Art Diätplan aufzustellen. Ähnlich, wie wir für eine ausgewogene, gesunde Ernährung sorgen können, vermögen wir auch darauf zu achten, vermehrt Nachrichten zu konsumieren, die dem Geist guttun. Denn ausschließlich schlechte Nachrichten gleichen Junkfood für unser Gehirn.

Konkret bedeutet das, Berichterstattungen zu wählen, die nicht nur Probleme beschreiben, sondern auch zukunftsorientierte Überlegungen und Lösungsansätze. Für diese Art des konstruktiven Journalismus hat Ronja von Wurmb-Seibel eine ganz eigene Formel kreiert. Sie lautet: »Scheiße plus X«. Das klingt zwar derb, trifft aber zu: »Scheiße« repräsentiert all die Krisen und Katastrophen in der Gesellschaft oder auch die

Sorgen und Probleme auf individueller Ebene. Das »X« steht für die Ergänzung, die wir finden können, um eine positive Perspektive zu eröffnen. Ein Beispiel: In einer Studie für das *Solutions Journalism Network* wurden 755 Testpersonen gebeten, einen Artikel zu lesen. Dieser handelte von traumatisierenden Erlebnissen, Obdachlosigkeit und Armut. Die eine Hälfte der Gruppe bekam einen Text, in dem nur das Problem geschildert wurde; die zweite Gruppe erhielt einen Beitrag, der zusätzlich Lösungsvorschläge für die beschriebenen Probleme enthielt. Die Artikel unterschieden sich also nur darin, ob sie mögliche Lösungsideen enthielten oder nicht.

Das Resultat: Die Leser:innen der zweiten Gruppe fühlten sich im Anschluss besser informiert und weniger deprimiert. Sie fühlten sich hoffnungsvoll, glaubten an die Lösbarkeit des Problems und wollten selbst daran mitwirken. Die eingefügten Lösungsvorschläge hatten also eine andere, konstruktive Lesart ermöglicht.[9]

Es zeigt sich: Ein wichtiger Schritt, um der Negativverzerrung Einhalt zu gebieten, liegt darin, Nachrichten bewusster und gesünder zu konsumieren.

Praxistipp: Gut dosiert – und Sie sind besser informiert
Seien Sie wählerisch im Umgang mit dem, was Sie konsumieren an Nachrichten, Bildern, Filmen, Büchern … Manche Filme sind voller Gewaltszenen, schockierende Schilderungen in Büchern und Artikeln wecken ungeahnte Ängste. Die Nachrichten werden meist von negativen Schlagzeilen beherrscht. Achten Sie daher auf das richtige Maß an Informationen, setzen Sie auf eine vertrauenswürdige Quelle und auf den passenden Zeitpunkt.

Ein Zweites: Lassen Sie sich immer wieder anregen von ermutigenden Geschichten und Filmen, greifen Sie zu entsprechenden Büchern, Zeitungen und Zeitschriften. Und suchen

Sie nach konstruktiven Berichterstattungen, die sich nicht nur mit den Problemen der Vergangenheit und Gegenwart beschäftigen, sondern auch zukunftsorientierte Perspektiven entwickeln.

Um auf positive Entwicklungen aufmerksam zu werden, hier einige exemplarische Empfehlungen: Der Sozialpsychologe Harald Welzer erzählt mit seiner Stiftung Futurzwei »Geschichten des Gelingens«. Er präsentiert Menschen und Projekte, die hier und heute die Welt ein Stückchen besser machen: sozial gerechter, ökologischer, nachhaltiger, menschlicher. Kritisch-konstruktive Berichterstattung findet sich beispielsweise in der Sendereihe *#lösungsfinder* der *Tagesschau*, im NDR-Info-Podcast *Perspektiven* und in zahlreichen Artikeln, die täglich in den verschiedensten Medien erscheinen.

Diese Formate und Beiträge stehen beispielhaft für einen lösungsorientierten Journalismus, der zeigt: Viele Menschen machen die Welt zu einem besseren Ort, indem sie anderen helfen, sich für fairen Handel einsetzen, konsequent Wasser sparen oder auf das Auto verzichten – und dabei Teil einer positiven Geschichte werden.

Ein Fleck, der blind macht

In meiner Beratungstätigkeit gebe ich meinem Gegenüber manchmal ein Blatt mit einem kleinen Tintenklecks ungefähr in der Mitte der Seite. Dann bitte ich die Person zu beschreiben, was sie sieht. Bislang haben alle ausnahmslos den Klecks beschrieben: seine Größe, Form und Position in der Mitte des Blattes. Niemand hat über den weißen Teil des Papiers gesprochen.

Ein eindrückliches Experiment, das punktgenau aufzeigt, was im Alltag auch oft passiert: Wie von selbst beschäftigt sich unser Gehirn vor allem mit den Mängeln und Flecken: der mal wieder nicht runtergetragene Müll, die nervig laute Stimme des Bürokollegen, Geldmangel, gesundheitliche Beschwerden ... –

oder mit dem, was in der Welt alles schiefläuft. Das Positive hingegen gerät, ähnlich wie die weiße Fläche auf dem Blatt, schnell aus dem Blick. Dabei ist der Klecks im Vergleich zum Rest, dem weißen Papier, wirklich nur ein Klacks.

Warum um Himmels willen beschäftigt sich unser Gehirn vor allem mit dem Negativen? Warum konzentriert es sich stärker auf Gefahren als auf das Gute im Leben? Die Erklärung liegt in der Evolutionsgeschichte: Menschen mit einem gefahrensensiblen Gehirn hatten schlicht höhere Überlebenschancen!

Versetzen Sie sich gedanklich in die Steinzeit. Durch eine solche Welt voller Gefahren in der Annahme zu spazieren: »Mir wird schon nichts zustoßen«, ist geradezu fahrlässig. Derart Waghalsige verloren leicht Kopf und Kragen. Die Argwöhnischen aber, die hinter jedem Busch einen Tiger fürchteten, hatten größere Überlebenschancen. Sprich, wir stammen nicht von den sorglos Gutgläubigen ab, sondern von jenen, die überall eine Gefahr gewittert haben! Doch heute steht uns eine solch ständig lauernde Angst oft im Weg.

Natürlich ist es wichtig, sich der Bedrohungen bewusst zu sein. Das Problem liegt in der *einseitigen* Konzentration unseres Gehirns auf das Negative. In der Folge erscheint die Wirklichkeit gefährlicher, als sie ist: dunkler, schlechter, katastrophaler ... Wir entwickeln Ohnmachts- und Schuldgefühle, verlieren unsere Antriebskraft und den Glauben an konstruktiven Wandel. Manche werden zynisch und leiden unter Schlaflosigkeit und Angstzuständen. Andere ziehen sich in ihre Wohlfühlblase zurück und blenden alles Bedrohliche aus.

Es braucht Beides: den Blick auf das Negative *und* auf das Positive; die Aufmerksamkeit für das Schwierige *und* für das Mutmachende. Nur Letzteres gibt uns die Kraft, wieder aufzustehen, wenn wir uns überfordert und ohnmächtig fühlen.

Und womit füttern Sie Ihr Gehirn?
Wenn Sie Ihren Arbeitskolleg:innen, Freund:innen oder der Familie etwas über Ihren Alltag erzählen, was berichten Sie? – Viele Menschen neigen dazu, vor allem von den unerfreulichen Dingen zu sprechen: von der überfüllten Bahn, vom Konflikt mit dem Arbeitskollegen oder den hohen Spritpreisen. Das nette Gespräch an der Bushaltestelle oder die schmackhaften Erdbeeren zum Nachtisch erwähnen die meisten nicht – falls sie überhaupt noch daran denken. Dabei können selbst schwierige Geschichten so erzählt werden, dass sie Mut machen.

Ein Beispiel, das ich vor wenigen Tagen erlebt habe: Eine alte Dame erleidet im ICE einen Kreislaufkollaps und wird ohnmächtig. Als sie das Bewusstsein wiedererlangt, stehen drei Ärztinnen, die nach einem Aufruf des Zugchefs herbeigeeilt sind, bei ihr und versorgen sie. Ihre erste Reaktion: »Da muss ich erst 87 Jahre alt werden, um zu erleben, wie großartig unser Notfallsystem funktioniert!«

Welch große Bedeutung die eigene innere Einstellung hat, zeigen zahlreiche Studien zur sogenannten *selbsterfüllenden Prophezeiung*. Wer sich sicher ist, dass ihm etwas schiefgeht, hat die Weichen zum Entgleisen schon gestellt. Und wer denkt: »Da kann man eh nichts machen!«, hemmt dadurch jegliche Initiative und verstärkt dadurch seinen ursprünglichen Pessimismus. Gehen wir Herausforderungen hingegen guten Mutes an, dann tun wir automatisch Dinge, die das Erreichen des Erwünschten wahrscheinlicher machen. Es kommt zu einer positiven Verstärkung. Am Ende behalten interessanterweise also beide recht: Sowohl die pessimistisch Hilflosen als auch die Zuversichtlichen erleben hinterher die Bestätigung: »Ich habe es ja gleich gewusst!«

Praxistipp
Sie tun sich und anderen einen Gefallen, wenn Sie darauf achten: Welche Geschichten erzähle ich bevorzugt? Und wie erzähle ich sie?

Fragen Sie Ihren Optiker
Vor einiger Zeit habe ich mir ein neues Sommerkleid gekauft. Meinen Mitbewohnerinnen, die ich auf der Dachterrasse treffe, gefällt es. Die eine: »Dieses Grau mit dem zarten Grünschimmer – wunderschön!« Die nächste: »Nein, das ist doch ein warmes Braun.« Die dritte: »Nein, tiefblau!« Ich bin völlig irritiert, hatte ich doch aus meiner Sicht zu einem grau melierten Kleid gegriffen. Wir können uns nicht einigen, bis auf einmal eine lachend entdeckt: Alle drei tragen eine Sonnenbrille – mit entsprechender Tönung …

Je nach Brillentönung – einer dunklen, einer hellen oder rosaroten – wird das, was wir betrachten, in ein anderes Licht getaucht. Einen ähnlich großen Unterschied macht es, mit welcher »Brille« Sie auf den Tag schauen. Sie haben jeden Augenblick neu die Wahl: Sie können sich bewusst für einen bejahenden Blickwinkel entscheiden, der hellsichtig ist für das Positive und mit wertschätzenden Augen auf Menschen und Dinge, auf Situationen und Ereignisse schaut – und auch auf Sie selbst! Oder Sie können eine eher misstrauische Perspektive einnehmen, die schwarzsieht. Ihre Welt wird sich jeweils anders zeigen! Ihr Tag wird jeweils ein anderer sein. Der positive Blick wird die leidvollen Erfahrungen von Hilflosigkeit und Ohnmacht »einhegen« und Dankbarkeit, Freude und Zukunftsmut stärken.

GANZ IM PRIVATEN

Aus meinem Tagebuch im Juni 2005

»Ich hasse es wie die Pest, ohnmächtig zu sein!« Auffordernd blicke ich meinen Gesprächspartner an und denke: Der wird mir zu helfen wissen. Denn er ist ein erfahrener Ratgeber. Und außerdem kennt er bestimmt kompliziertere Fälle als mich. »Mich nicht auszukennen finde ich schrecklich. Und vor allem halte ich es kaum aus, dass ich an meiner Situation nichts ändern kann. Ohnmacht ist einfach füürch-teer-lich!«

Er blickt mich leise lächelnd an, als ob ich ihm etwas sehr Schönes erzählt hätte. Verwirrt und leicht verärgert fahre ich fort: »Im Lauf der Jahre bin ich sensibler geworden für meine innere Welt. Ein ›Erfolg‹ dieser größeren Wachheit liegt sicher darin, dass ich nun auch meine Ohnmachtsgefühle stärker spüre. Und das halte ich für äußerst wichtig. Denn erst dann kann ich freier werden von ihnen. Kann sie und ihre Begleiterscheinungen überwinden. Und das will ich!«

»Was für Begleiterscheinungen?«, fragt er interessiert.

»Ich werde gereizt und ungeduldig. Versuche, die Situation in den Griff zu bekommen, die Sache zu regeln oder unter Kontrolle zu bringen. Und wenn das nicht klappt, könnte ich aus der Haut fahren! Ich klage andere still oder lautstark an und gebe ihnen die Schuld. Und dann gibts noch so Strategien wie, dass ich mich in Terminstress, Arbeit oder in die Weiten des Internets flüchte.«

Mit einem leichten Kopfnicken als Zeichen seines Verstehens fasst er nun noch einmal nach: »Wann erlebst du dich als ohnmächtig?«

»Wenn mir das Leben einen Strich durch die Rechnung macht und eine Krankheit meine Pläne durchkreuzt. Wenn ich in einem Konflikt nicht weiß, wie es weitergeht. Wenn Menschen, die ich liebe, mit Schwierigkeiten ringen, und ich nichts für sie tun kann, außer an ihrer Seite zu stehen. Wenn ich sehe, wie Menschen am Krieg verdienen.«

Ich hole Atem und fahre fort: »Ich fühle mich ohnmächtig, wenn ich auf die Klimakatastrophe schaue und wenn ich mir vorstelle, was in der Zukunft alles passieren kann ... Ich kann dieses Gefühl der Ohnmacht einfach nicht ausstehen! Das will ich ändern. Geht das?«

»Ich denke schon«, antwortet mein Gesprächspartner.

Erleichtert lehne ich mich zurück. Doch dann beschleicht mich der Verdacht, dass er es vielleicht anders meinen könnte, als ich es vor Augen habe ...

KAPITEL DREI: VON FLUCHTWEGEN, DIE IN SACKGASSEN ENDEN

1. Nichts wie weg!

Ohnmacht zu erleben ist ein scheußliches Gefühl! Als ob einem der Boden unter den Füßen weggezogen wird. Man fühlt sich wehrlos, ausgeliefert und schwach. Oft geht dieses Empfinden damit einher, dass wir uns als unfähig oder unzulänglich, als minderwertig oder wertlos, als gelähmt oder gedemütigt erleben. Mit allen Fasern unseres Körpers wollen wir uns befreien von dem bedrohlichen Gefühl, dass uns die Hände gebunden sind und der eigene Wille außer Kraft gesetzt ist. All dies weckt verschiedenste weitere Gefühle: Angst und Wut, Empörung und Trauer, Schuld und Verzweiflung, Lähmung und Depressivität.

Auch für psychisch stabile Menschen bedeutet es extremen Stress, wenn ihnen plötzlich die Kontrolle über ihr Schicksal entgleitet und sie zum Spielball der Ereignisse werden. Denn im Erleiden von Ohnmacht werden wir Menschen in unserem sensibelsten Punkt getroffen und geschwächt: in unserem Selbstwertempfinden. Zu diesem gehört nämlich die Erfahrung, selbst etwas in die Hand nehmen und bewirken zu können.

Hinzu kommt, dass wir in einer Gesellschaft leben, in der Autonomie und Selbstbestimmung hoch geschätzt werden und im Gegenzug Ohnmacht und Angst als verächtlich gelten. Sich schwach und hilflos zu fühlen ist einfach nicht angesagt! Das Gefühl der Ohnmacht gehört zu den am stärksten abgewehrten Gefühlen der modernen Gesellschaft.

Es gibt einige typische Fluchtrouten, um dem Ohnmachtsgefühl auszuweichen. Vermutlich sind auch Ihnen einige davon vertraut …

Eine häufige Vermeidungsstrategie liegt darin, das eigene Unbehagen zu *betäuben* oder sich *abzulenken*. Manche stopfen sich mit Essen voll oder gehen einkaufen, flüchten in die Weiten des Internets oder stecken sich Kopfhörer mit Noise-Cancelling ins Ohr. Andere sind ständig »busy, busy« und stürzen sich in Arbeit oder Freizeitaktivitäten – nach dem Motto: »Egal, was: Hauptsache, ich bin beschäftigt und komme nicht zur Besinnung!« Als ob einen die Wahrheit des eigenen Lebens nicht einholen könnte, solange man für sie keine Zeit hat …

Weil man das Ohnmachtsgefühl so schwer zulassen kann, versteckt es sich gerne unter verschiedenen *Masken:* Da poltert jemand wütend los; ein anderer nimmt eine Pose der Überlegenheit und Coolness an, um vor sich und anderen die eigene Hilflosigkeit zu überspielen. Und eine Dritte fühlt eine diffuse Traurigkeit in sich, ohne genau zu wissen, warum. Der Vorteil von solchen Maskeraden liegt auf der Hand: Wir spüren nicht mehr unsere Ohnmacht, sondern ein etwas erträglicheres Gefühl, mit dem wir diese übertünchen.

Eine Maske, die auf den ersten Blick vielleicht befremdlich wirkt, sind *Schuldgefühle und Selbstvorwürfe*. Studien zeigen beispielsweise: Frauen, die eine Fehlgeburt erlitten haben, machen sich häufig Selbstvorwürfe, warum sie sich nicht mehr Ruhe gegönnt oder nicht besser für sich und ihr Ungeborenes gesorgt haben. Damit unterstellen sie indirekt, dass sie es in der Hand gehabt hätten, dass ihr Kind gesund auf die Welt kommt – ein Gedanke, der unsere Hilflosigkeit angesichts des Todes abmildert. Offensichtlich ertragen Menschen Schuldgefühle leichter als das Gefühl von Ohnmacht!

Schuldgefühle dieser Art helfen, das vermeintlich Unerträgliche auszuhalten. Doch der innerseelische Gewinn ist teuer erkauft, denn zugleich hindern sie einen daran, das Unausweichliche anzunehmen – und dadurch beeinträchtigen sie dessen Verarbeitung. Selbstvorwürfe wirken wie ein Schmerzpflaster, das die aufbrechenden Gefühle von Sinnlosigkeit oder Trauer betäubt – aber zugleich lassen sie diese chronisch werden. Denn verletzte Gefühle, die aus dem Bewusstsein verdrängt werden, können nicht heilen, sondern nisten sich dauerhaft ein.

Angesichts von negativen Erfahrungen, die wir weder erklären noch beherrschen können, kommt es in ähnlicher Weise auch zu *Schuldzuweisungen*. So ist es beispielsweise in Coronazeiten einfacher, Fehler aufzuspüren und einen Schuldigen an den Pranger zu stellen, als anzuerkennen, dass wir gegenüber einem kleinen Virus derart machtlos sein können. Für alles eine Erklärung parat zu haben vermittelt dem Menschen hingegen Sicherheit. In unserer Welt aber bleibt vieles rätselhaft und offen. Verschwörungstheorien können da wie Balsam auf die Seele wirken, denn sie schaffen es, ihren Anhängern die Illusion von überlegenem Wissen zu vermitteln und dadurch die Ohnmacht zu verbannen.

Die Maske, unter der sich das Ohnmachtsgefühl vielleicht am häufigsten versteckt, ist die *Wut*. Dass angesichts der eigenen Machtlosigkeit aggressive Impulse aufsteigen, ist eine spontane, gesunde Gegenwehr. Der springende Punkt ist, wie man mit dieser inneren Regung umgeht. Und hier hapert es oft: Viele empfinden lieber Wut, als dass sie sich ihre Ohnmacht eingestehen. Ein Beispiel sind Beziehungskrisen: Oft fällt es Menschen leichter, auf die geliebte Person wütend zu sein, als den ohnmächtigen Schmerz zu ertragen über die Kälte und Distanz, die zwischen ihnen entstanden sind. Es scheint, dass insbesondere Männer schnell stinksauer reagieren, wenn sie sich ohnmächtig fühlen.

Viele Arten der Wut zielen darauf, für die eigenen Bedürfnisse und Werte einzustehen, indem man aktiv und zielbewusst einen

Widerstand überwindet und aus dem Weg räumt. Die *ohnmächtige* Wut hingegen ist viel vager, unbestimmter, aber auch viel destruktiver gegen die Außenwelt und gegen sich selbst gerichtet: Da lässt man einer nervigen Nachbarin die Luft aus den Fahrradreifen ab, zeigt jemandem die kalte Schulter oder schlägt verbal oder physisch um sich. Ein solches Agieren ruft ein Empfinden von Stärke und Überlegenheit hervor und verdeckt die eigene Ohnmacht. Und das fühlt sich gut an! Denn lieber aktiv als passiv sein; lieber angreifen als sich schutzlos und preisgegeben erleben.

All das hat zur Folge: Menschen können sich und ihrem Umfeld ausgerechnet dann sehr gefährlich werden, wenn sie sich ohnmächtig fühlen! Dies beginnt beim wütenden Fußtritt nach dem Hund und reicht über Schikanen im Betrieb oder Sportverein bis hin zum Einsatz zerstörerischer Waffen ohne Rücksicht auf Verluste. Für das, meist unbewusste, Ummünzen von Ohnmacht in zerstörerische Aggression zahlen wir Menschen einen hohen Preis.

Doch Ohnmacht und Kontrollverlust können auch zu einem beinahe widersprüchlich anmutenden Phänomen führen: Dann reagieren Betroffene nicht aktiv-aggressiv, sondern fallen in eine *depressive Passivität*. Sie fliehen vor der Ohnmacht – und vor ihrer eigenen Kraft! –, indem sie resignieren und (sich) entmutigt aufgeben. Dies kann verschiedene Formen annehmen: Da legt sich eine namenlose Traurigkeit wie eine schwere Decke auf einen. Jemand zieht sich niedergeschlagen zurück und ergibt sich in die gefühlte Aussichtslosigkeit. Eine andere Person emigriert innerlich und wird teilnahmslos gegenüber gesellschaftlichen Prozessen. Vor allem aber verhindert eine solch depressive Niedergeschlagenheit, dass wir aktiv werden. Anstatt Gelegenheiten beim Schopf zu ergreifen, lassen wir sie passiv an uns vorüberziehen.

2. Einknicken und kneifen

»Ich schaff das nicht! Ich kann meinen Mann doch nicht ändern!«, seufzt die Frau resigniert. Seit Jahren hebt ihr Ehemann regelmäßig größere Geldsummen vom gemeinsamen Konto ab, um sein kostspieliges Hobby – erstklassige E-Gitarren plus Verstärker – zu finanzieren. Die Folge: Die dringend notwendige Renovierung und Neuausstattung der Küche wird von Jahr zu Jahr verschoben, da es an Geld mangelt … Die Frau nimmt es resigniert hin. Es ermutigt sie und löst gleichzeitig einen ängstigenden Schauder in ihr aus, als sie erkennt: Ich bin gar nicht so hilflos, wie ich meine, sondern habe sehr wohl Möglichkeiten, um für mich und meine Interessen einzutreten!

Wie bereits ausgeführt, können wir uns ohnmächtig fühlen, ohne dass wir an diesem Punkt schon wirklich angelangt sind. Sich ohnmächtig zu *fühlen* heißt noch lange nicht, tatsächlich hilflos und ohnmächtig zu *sein!* Es gibt viele Menschen, die – auch geprägt durch Veranlagung, Sozialisation und Lebensgeschichte – viel zu schnell aufgeben. Und die dahin tendieren, sich in der Opferrolle einzurichten.

Für die Frau ist es eine befreiende, aber auch eine beängstigende Einsicht, als ihr aufgeht: Die empfundene Hilflosigkeit ihrem Mann gegenüber erweist sich genau genommen als ein Versuch, einen eigenen inneren Konflikt zu vermeiden. Ihre unbewusste Befürchtung lautet: »Wenn ich mich auf meine Hinterbeine stelle und finanzielle Gerechtigkeit in meiner Ehe einfordere, dann werde ich eine große Beziehungskrise auslösen.« Und das jagt ihr panische Angst ein.

Auch wenn es paradox klingt: Das so unerträgliche Ohnmachtsgefühl übt in solchen Situationen eine Art Schutzfunktion aus. Vor allem beeinträchtigt es *die Einsicht in die eigene Kraft und entbindet von der eigenen Verantwortung!*

Was meint dies? – Wenn ich mich als hilfloses Opfer der anderen oder der Umstände sehe und meine, daran nichts ändern zu können, dann bewahrt mich dies vor der Herausforderung, dass ich aktiv werden müsste. Meine Hilflosigkeit »befreit« mich von der Entscheidung, für mich selbst oder für andere einzutreten. Und sie entbindet mich von der Notwendigkeit, mein Leben so zu gestalten, wie ich es als stimmig erachte. Pointiert ausgedrückt: Die gefühlte Ohnmacht befreit mich von meiner Freiheit – die eben immer auch herausfordernd und ängstigend ist! So bleibe ich Zuschauer:in meines Lebens und muss keine Verantwortung übernehmen.

Ein weiterer innerpsychischer Gewinn, wenn wir uns anderen Menschen gegenüber zu früh schwach und machtlos fühlen: Wir können in der Rolle der Anklage bleiben, ihnen zu gegebener Zeit ein schlechtes Gewissen verpassen und sie unter Druck setzen. In vielen Beziehungen spielen solche manipulierenden Mechanismen eine Rolle. Die geheime Macht der Ohnmächtigen ist bisweilen ziemlich groß …

Doch diese Vorteile sind bestenfalls Trostpflästerchen, die den innerseelischen Konflikt zwar etwas lindern, aber nicht beseitigen. Im Gegenteil: Eine lähmende Mischung aus Schmerz, Resignation, Anklage und Groll droht das Leben zum Stillstand zu bringen. Nehmen wir auf Dauer passiv (= leidend) hin, was wir eigentlich beeinflussen und verändern könnten, entmächtigen wir uns zunehmend selbst.

Gerade im Blick auf die vielen gesellschaftlichen Krisen halte ich das weitverbreitete Ohnmachtsgefühl für hoch problematisch! Denn dadurch droht die Gefahr, dass wir uns selbst entmündigen und in ein unpolitisches und unethisches Leben abgleiten. Und die Rede von der Ohnmacht wirkt fatal, wenn sie verhindert, Handlungsspielräume zu nutzen.

Ob in der individuellen Biografie oder in der Geschichte der Menschheit: Die Freiheitsgeschichte beginnt immer wieder neu damit, dass Menschen aus ihrer vermeintlichen Ohnmacht erwachen und sich erheben. Und dass sie ihre Kraft wiederentdecken – ihre persönliche und ihre gemeinsame. Wir müssen dem falschen Ohnmachtsglauben widerstehen, wenn wir bestehen wollen!

Eine Mutmachergeschichte

Ich denke an die Afroamerikanerin Rosa Parks. Sie wurde am 1. Dezember 1955 in Montgomery festgenommen, weil sie sich geweigert hatte, in einem öffentlichen Bus ihren Sitzplatz zu räumen. Dunkelhäutige Personen mussten zu dieser Zeit in den Vereinigten Staaten aufstehen und ihren Platz freigeben, wenn ein weißer Fahrgast dies verlangte. Eine andere Schikane: Nachdem sie vorne beim Fahrer ihr Ticket gelöst hatten, mussten Dunkelhäutige wieder aussteigen und zu der für sie vorgesehenen hinteren Bustüre gehen. Doch oft traten die Fahrer auf das Gaspedal, bevor sie den Einstieg erreicht hatten.

Am 1. Dezember 1955 forderte ein *Weißer* Rosa Parks auf, ihren Platz zu räumen, doch sie blieb sitzen. Sie wollte nicht die übrige Fahrt hindurch stehen und hatte es satt, das ganze menschenunwürdige Treiben weiterhin ohnmächtig hinzunehmen. Der Busfahrer rief daraufhin die Polizei.

Am Tag des Gerichtsverfahrens gegen sie organisierte der *Women's Political Council* einen eintägigen Boykott der öffentlichen Busse. Fast die gesamte schwarze Bevölkerung von Montgomery nahm daran teil. Und es blieb nicht dabei. Der Busstreik in Montgomery dauerte Monate und Martin Luther King rief die Bürgerrechtsbewegung im ganzen Land dazu auf, für das Menschenrecht auf Gleichbehandlung einzutreten. Am Ende hob der Oberste Gerichtshof die bestehenden Regelungen zur Rassentrennung in den USA auf.

Diese Geschichte zeigt beispielhaft, was geschieht, wenn Einzelne für ihre Rechte aufstehen. Wenn ihre Ideen zünden und ihr mutiger Einsatz andere ansteckt. Es können auf einmal Entwicklungen angestoßen und Entscheidungen getroffen werden, die bis dahin undenkbar schienen.

3. Trau dich doch!

Ich glaube, dass wir letztlich alle in irgendeiner Weise unsere Gefühle wie Hilflosigkeit, Ohnmacht und Angst betäuben. Das ist in sich betrachtet nichts Schlechtes. Ja, es gibt sogar überlebenswichtige Vermeidungsstrategien. Das Problem beginnt, wenn unsere Schutzmechanismen zur – meist unbewussten – Dauereinrichtung werden. Denn wenn wir ständig auf der Flucht vor unseren schwierigen Empfindungen sind, dann geraten wir in vielerlei Schwierigkeiten.

Erstens münden Fluchtwege in Sackgassen, wie bereits deutlich geworden ist: Selbstvorwürfe und Schuldzuweisungen mildern das Ohnmachtsgefühl ab, aber sie beeinträchtigen zugleich die Verarbeitung des auslösenden Geschehens. Eine in Wut und Aggression umgemünzte Ohnmacht wirkt zerstörerisch. Und die Flucht vor der Ohnmacht hinein in eine depressive Wolke vernebelt den Blick für die eigene Kraft und Verantwortung.

Zweitens: Belastende Gefühle, die nicht in der Helle des Bewusstseins gelebt werden, regieren uns als Schattenkabinett. Sie melden sich in der Dunkelheit, etwa in schweren Träumen. Oder sie melden sich *als* Dunkelheit, als Depression, als unerklärliche Müdigkeit und Lustlosigkeit. Das, was wir nicht zulassen, lässt uns nicht los. Mehr noch: Es hat uns fest im Griff.

Drittens lassen sich Emotionen nicht leicht selektiv drosseln. Dämpfen wir unsere schmerzhaften Empfindungen, dann stumpft oft zugleich auch unsere Fähigkeit ab, Kreativität, Mitgefühl, Liebe oder Freude zu empfinden.

Viertens: Weigern wir uns, die Ohnmacht und das Leiden, welches unser Menschsein mit sich bringt, wahrzunehmen und als solche zu erleben, dann schaffen wir viel neues, unnötiges Leiden. Oft fühlen Menschen nicht ihre Ohnmacht, sondern reagieren stattdessen destruktiv aus ihrer Ohnmacht heraus. Anstatt dass sie sich ihren Schmerz eingestehen, fügen sie anderen Personen Schmerzen zu.

Fünftens: Wird es in einer Kultur zur Gewohnheit, Gefühle von Ohnmacht und Angst zu verdrängen, dann baut sie Barrieren dagegen auf, beunruhigende Informationen und Entwicklungen öffentlich einzugestehen. Im Blick auf die vielen Krisen unserer Welt – etwa im Blick auf die Klimakatastrophe – herrscht eine weitverbreitete Abwehr, *tat*-sächlich anzuerkennen, wie bedrohlich die Lage ist. Und so heizt sich die Problematik immer weiter auf.

Eine Revolution des Denkens und Handelns geht nicht ohne eine Revolution des Fühlens! Um aufzuhören, die Augen vor der Klimakrise mutwillig zu verschließen, müssen wir uns auch emotional mit ihr auseinandersetzen und uns unseren bedrängenden Gefühlen stellen.

Es gehört einfach zu den »Geschäftsbedingungen« dieses Lebens, dass das Menschsein Leiden und Widriges mit sich bringt. Und dass wir uns immer wieder in Situationen vorfinden, in denen wir uns überfordert, ohnmächtig oder ausgeliefert fühlen. Verleugnen wir diese Realität, werden wir uns selbst und anderen zum größten Feind! Entsprechend wichtig ist es, die eigenen Ausweichmanöver und Fluchtwege zu kennen. Daher möchte ich Sie zu einer Erkundungstour einladen.

Checke dich selbst!
Lassen Sie das eben Gelesene Revue passieren. Rufen Sie sich drei bis vier verschiedene Situationen in Erinnerung, in denen Sie sich ohnmächtig oder hilflos erfahren (haben), und fragen Sie sich:
- Was tue ich in meinem Leben alles, um das Gefühl von Ohnmacht zu vermeiden? Fliehe ich vor ihr, indem ich mich etwa ablenke oder ständig beschäftigt bin? Durch Selbstvorwürfe oder Schuldzuweisungen? Oder kenne ich die Flucht in die Wut oder in die depressive Niedergeschlagenheit?
- Was kostet mich die Abwehr meiner Ohnmacht und Hilflosigkeit? Spüre ich gesundheitliche Folgen?
- Werden andere durch meine Ausweichmanöver in Mitleidenschaft gezogen?
- Abschließend versuche ich, die Position meiner Ohnmacht einzunehmen. Ich bemühe mich zu sehen, was sie sieht, ohne das Gesehene gleich zu relativieren oder zu beurteilen ... – denn möglicherweise hat sie mir Wichtiges zu sagen.

Möglicherweise haben Sie den einen oder anderen Fluchtmechanismus bei sich selbst entdeckt. Und eventuell auch den Preis, den Sie und andere dafür zahlen. In dem Fall können Sie sich beglückwünschen! Denn sobald Ihnen die Fluchtimpulse bewusst geworden sind, verlieren diese ganz von selbst etwas von ihrer Macht. Nun vermögen Sie nach Wegen Ausschau zu halten, wie Sie den dunklen Seiten des Lebens angemessener begegnen können.

4. Der Alltag als ideales Trainingsfeld

Wie gelingt es, mit der Unkontrollierbarkeit des Lebens und den damit verbundenen Gefühlen von Hilflosigkeit und Ohnmacht gut umzugehen? Was bewahrt uns vor dem einen Straßengraben, dass wir diese Empfindungen dauerhaft abwehren – beispielsweise durch Leugnen, Ablenkung oder Wut? Und was schützt vor dem anderen Straßengraben, dass die Ohnmacht uns lähmt und für Lösungsmöglichkeiten blind macht? Dass wir uns also viel zu früh hilflos fühlen und dadurch die Kraft, die in uns wohnt, aus dem Blick verlieren?

Vielleicht mögen Sie kurz innehalten und Ihr eigenes Erfahrungswissen abrufen:

- Was hat mich ermutigt und befähigt, mich mit Gefühlen von Kontrollverlust, Überforderung oder Ohnmacht auseinanderzusetzen?
- Was hat mir geholfen, mich aus lähmenden Ohnmachtszuständen zu befreien?

Denken Sie dabei nicht nur an tiefgehende, schmerzhafte Grenzerfahrungen, sondern auch an alltägliche Momente, in denen Sie sich blockiert oder ausgebremst gefühlt haben. Denn der Alltag mit seinen kleinen und großen Widrigkeiten bietet ein ideales Übungsfeld, um mit den Empfindungen von Kontrollverlust und Hilflosigkeit umgehen zu lernen.

Doch wie sieht eine gute Gefühlskultur aus? Und wie lässt sie sich im Alltag einüben und etablieren? – Folgende drei Schritte kennzeichnen einen reifen Umgang mit Gefühlen:

Der *erste* Schritt besteht darin, die eigenen Gefühle achtsam wahrzunehmen und sie zu benennen. Das hört sich leichter an, als es bisweilen ist. Manchmal braucht es Zeit und geduldige Aufmerksamkeit, bis man (wieder) gelernt hat, sich bestimmter Gefühle bewusst zu werden – etwa auch der eigenen Ratlosigkeit und Ohnmacht.

Zweitens gilt es, darauf zu achten, sich von diesen Gefühlen weder überfluten noch wegschwemmen zu lassen. Wenn wir bewusst die Rolle einer Beobachterin oder eines Zuschauers einnehmen, dann identifizieren wir uns nicht mit unseren Gefühlen – und dies eröffnet einen inneren Freiraum: Dann muss man nicht mehr instinktiv auf den Reiz reagieren – etwa wie wild hupen, wenn einem die Vorfahrt genommen wurde.

Dieser Abstand eröffnet die Chance, dass wir – *drittens* – einen Realitäts-Check machen und beispielsweise überprüfen, ob unser Empfinden angemessen ist oder gerade ein alter Film abläuft. Um uns dann zu fragen: Wie will ich mit meinen Gefühlen und den damit verbundenen Handlungsimpulsen umgehen? Wie will ich auf die auslösende Situation reagieren? Und dann die Entscheidung in die Tat umzusetzen.

Viktor Frankl drückt den Gewinn dieses wachen Umgangs mit der eigenen Innenwelt so aus: »Zwischen Reiz und Reaktion liegt ein Raum. In diesem Raum liegt unsere Macht zur Wahl unserer Reaktion. In unserer Reaktion liegen unsere Entwicklung und unsere Freiheit.«

Konkret kann das bedeuten: Ich gerate in eine Situation, die sich gefühlt meiner Kontrolle entzieht. Nehme ich in diesem Augenblick wahr, dass ich im Begriff bin, automatisch in einer für mich typischen Weise zu reagieren, dann ist das eine Steilvorlage für das Weitere. Denn nun kann ich mir selbst gegenüber intervenieren. Anstatt z. B. schnellstmöglich das bedrängende Ohnmachtsgefühl zu betäuben, indem ich mich irgendwie ablenke, kann ich mir selbst ein gedankliches »Stopp!« zurufen. Oder anstatt wie von selbst in eine selbstmitleidige Lamentierhaltung – »Das ist aussichtslos! Da kann ich einfach nichts machen!« – hineinzurutschen, kann ich innehalten und mich fragen, ob die Lage wirklich so desolat ist.

Schon durch solche Interventionen wachsen Sie in gewisser Weise über sich selbst hinaus. Und das Schöne ist: Je häufiger

Sie einen solchen Gefühlsumgang einüben und kultivieren, umso mehr erweitert sich Ihr Freiheitsspielraum, *bewusst* zu reagieren. Zugleich stärken Sie damit Ihre Fähigkeit, auch mit einschneidenden Verlusterfahrungen, mit Schicksalsschlägen oder scheinbar unabwendbaren Katastrophen umzugehen.

Eine Suchanzeige
Eine gute Gefühlskultur zu entwickeln und zu vertiefen braucht ständige Aufmerksamkeit und Übung. Doch die Mühe lohnt sich – gerade auch im Umgang mit unseren Gefühlen von Hilflosigkeit und Ohnmacht! Denn auf diese Weise können diese sich Schritt für Schritt verwandeln und uns zu mehr Weisheit und einem couragierten Leben führen. Und wir können die *lebensförderlichen Seiten des Ohnmachtsgefühls* entdecken.

Ja, Sie lesen richtig: Ich bin davon überzeugt, dass das Ohnmachtsgefühl neben dem Leiden, das es mit sich bringt, auch positive Seiten hat! Schon allein aus *evolutionärer* Sicht haben alle Gefühle – auch die sogenannten negativen – den ursprünglichen Sinn, uns beim (Über-)Leben zu helfen. Hinter jedem Gefühl steht ein Wert, den es zu schützen oder zu verwirklichen sucht.

Darüber hinaus bin ich persönlich auch aus *christlich-spiritueller* Sicht davon überzeugt, dass jedem Gefühl eine Bedeutung zukommt – verdanken sich der Mensch und alles, was ist, doch einer göttlichen Liebe. Wenn ich mich mit mir und dem Leben mal wieder schwertue und an der – wie Sie wissen – mir verhassten Ohnmacht leide, dann meditiere ich oft einen Satz aus dem Psalm 130. In ihm heißt es: »*Alles* in mir lobe deinen heiligen Namen.« Zum einen ermutigt mich dieser Satz, vertrauensvoll zuzulassen, was ist. Zum anderen fordert er mich heraus, auf Spurensuche zu gehen, ob und wie meine Situation mich ein Stück transparenter machen kann für das göttliche Licht; für die Liebe als den göttlichen Grund des Lebens.

Und schließlich habe ich mich auch aus einem *praktischen Interesse* gefragt, ob sich dem Ohnmachtsgefühl auch etwas Gutes abgewinnen lässt. Denn sobald einem positive Aspekte aufgehen, lässt sich das Gefühl leichter ertragen und annehmen.

Aus diesen Gründen habe ich mich auf die Suche gemacht nach der potenziell positiven Bedeutung von Ohnmacht. Und bin dabei davon ausgegangen: Damit Gefühle ihre lebensförderliche Dynamik entfalten können, müssen sie in einen größeren Zusammenhang gestellt werden. Fündig geworden bin ich insbesondere in den Geschichten und Lebenserfahrungen von Menschen, in Kunst, Literatur und Religion. Meine gewonnenen Einsichten habe ich in eine Geschichte gekleidet, die ich Ihnen erzählen möchte.

VOLLVERSAMMLUNG DER GEFÜHLE

Wie jedes Jahr zum Weihnachtsfest lädt das *Harmoniebedürfnis* alle anderen Gefühle zur Vollversammlung ein. Manche sind sofort zur Stelle, andere brauchen ein wenig Zeit, bis sie sich zeigen können.

Auch in diesem Jahr baut sich wie üblich der *Stolz* in der Mitte auf: »Ich habe es wieder geschafft. Das Weihnachtsfest war perfekt vorbereitet und alle Überraschungen sind gelungen. Ich kann mir mit Fug und Recht etwas darauf einbilden! Aus diesem Grund möchte ich heute vorschlagen, das Ohnmachtsgefühl, das mich schon lange stört, aus unserem Kreis auszuschließen.«

Das *Ohnmachtsgefühl*, das bleich und stumm in einer Ecke kauert, zieht sich noch mehr zurück und der Stolz glaubt schon, dass er es allen wieder einmal gezeigt hat.

Doch da meldet sich das *Gerechtigkeitsempfinden* zu Wort: »Mir ist klar, dass die Ohnmacht unangenehm und ihre Gegenwart oft schwer zu ertragen ist. Aber für mich ist dieses Gefühl von großer Bedeutung. Denn oft ist das Erleben von Ohnmacht ein stummer Schrei, dass etwas nicht stimmt. Es macht auf Missstände aufmerksam – etwa auf die finanzielle Abhängigkeit, die Frauen daran hindert, aus einer Gewaltbeziehung auszusteigen. Oder auf Machtverhältnisse in Gesellschaft und Kirche, die allen Regeln von Demokratie und Mitbestimmung widersprechen. Natürlich, die Menschen hassen es, sich klein und ausgeliefert zu fühlen. Doch mich lässt die Ohnmacht aufhorchen und beunruhigt mich. Sie treibt mich förmlich dazu an, den Ursachen dieses Gefühls auf den Grund zu gehen. Wenn ich dann auf ungerechte Verhältnisse stoße und diese aufdecke, kann das Energie freisetzen. Leute werden aktiv und verändern etwas.«

Das *Verantwortungsgefühl* pflichtet bei: »Natürlich kann die Ohnmacht völlig übertreiben und uns alle lähmen. Und deswegen gilt es auch, gut zu schauen, ob sie etwas aufbauscht oder ob sie realistisch ist. Denn wenn eine Person Fürchterlichem ausgeliefert ist oder ihr eine Katastrophe unvermeidbar erscheint, dann fühlt diese sich ohnmächtig. Und dieses Erleben kann sie herausfordern und unsere Reaktionsbereitschaft wecken.«

Die *Wut* fällt ins Wort: »Stimmt, dann schlägt meine Stunde! Ich bringe die Leute dazu, sich auf die Hinterbeine zu stellen.«

Jetzt mischt sich das *Machtgefühl* ein: »Genau! Wir müssen alles in die Hand nehmen und in den Griff bekommen. Und daher sollten wir die Ohnmacht endgültig abschaffen! Der Mensch will doch Herr im eigenen Haus sein, sein Geschick kontrollieren und über die Natur herrschen. Nichts darf mehr dem Zufall überlassen werden. Die Menschheit kommt diesem Ziel mit großen Schritten näher. Und die Allmachtsfantasien werden sich bald erfüllen. Macht haben und Kontrolle ausüben – das allein befriedigt und schenkt Sicherheit! Daher also: Weg mit der Ohnmacht!«

Die *Nüchternheit* widerspricht dem Machtgefühl: »Du hebst ja völlig ab. Bleib mal auf dem Boden! Natürlich vermag der Mensch – auch dank deiner Kraft – vieles zu gestalten und zu beherrschen, aber die Realität ist nun einmal größer als all sein Wollen und Können. Und die Welt ist nicht so beschaffen, dass er sie völlig kontrollieren könnte. Es gibt so viel Unvorhersehbares und Schicksalhaftes. Und die Menschen selbst sind zerbrechlich und begrenzt. Und sie sind abhängig: das Kind von den Eltern, der Bauer vom Wetter, der Untergebene von der Vorgesetzten … Die Macht des Menschen wird immer begrenzt bleiben, weil er ein endliches Wesen ist. Und weil er einen Körper hat, der altern und sterben wird. Da nützen alle Fantasien von einer schönen neuen Welt nichts: Der Mensch ist einfach auch ohnmächtig und ausgeliefert!«

Die Nüchternheit holt Atem und fährt fort: »Ich kann verstehen, dass viele Menschen vor dieser Wirklichkeit davonlaufen wollen und sich dir blindlings verschreiben. Aber so rennen sie in eine Sackgasse. Ich glaube, ihr beide – das Gefühl von Macht und von Ohnmacht –, ihr braucht einander! Wenn ihr euch gegenseitig gelten lassen würdet, dann würdet ihr einander begrenzen und ergänzen. Und ihr würdet den Realitätssinn der Leute stärken.« Und mit einem für sie seltenen Schmunzeln schließt die Nüchternheit: »Ihr könntet ein richtig gutes Team sein.«

Die *Gelassenheit* führt den Gedanken weiter: »Die Ohnmacht hat keine angenehme, aber eine superwichtige Aufgabe: Sie weist den Menschen auf die Grenzen des Machbaren hin – ob in seinem eigenen Leben, in Beziehungen zu anderen oder im Umgang mit der Natur. Würden wir die Ohnmacht zum Schweigen bringen, dann würden wir den Menschen um seine Grenzen betrügen – und ihn und alle ins Unglück stürzen! Umgekehrt: Wenn es einer Person gelingt, die Grenzen nüchtern« – bei diesen Worten blinzelt die Gelassenheit zu ihrer Vorrednerin – »zu akzeptieren, dann könnte sie das ungemein entlasten! Sie würde freier werden von einem übergroßen Verantwortungsgefühl und die wohltuende Erfahrung machen: ›Ich muss nicht alles können; nicht immer recht behalten und auch nicht alles kontrollieren. Ich muss mich nicht ständig anstrengen, stark sein und meine Schwäche überspielen. Und anstatt dauernd darüber nachzudenken, was ich an mir und meinem Umfeld reparieren und optimieren will, kann ich mir täglich Zeit gönnen, um das zu bewundern, was keiner Reparatur bedarf.‹ – All dies trägt zur innerseelischen und zwischenmenschlichen Entspannung bei. Und wer mit dieser Begrenztheit Frieden schließt, kann menschlich zufriedener leben und versöhnter sterben.«

Das will dem *Kontrollbedürfnis* überhaupt nicht gefallen: »Das gibts doch gar nicht: sich dem Schicksal einfach überlassen! So werde ich doch nie die Angst los, die mir im Nacken sitzt.« Bei diesen Worten schielt es nach hinten, wo die Angst bedrohlich lauert. »Ich brauche Sicherheiten. Ich träume von Kontrolltürmen, von denen aus ich alles überblicken kann: wie es um die Gesundheit steht, um die Karriere, um die Beziehung ... Ich muss alle Fäden in der Hand halten. Denn bei Kontrollverlust ...« Und da ist es wieder, das Schielen nach hinten.

»Ach«, seufzt das *Vertrauen,* »dein übertriebenes Verlangen, das Leben absichern zu wollen, ist doch nichts als eine kindliche Wunschvorstellung! Vor allem aber gräbst du mir das Wasser ab, denn du höhlst die Bereitschaft und Fähigkeit zu vertrauen aus. Doch manchmal müssen Menschen es wagen, ohne Macht unterwegs zu sein, damit menschliche Beziehungen wachsen und reifen können. Das beginnt bereits bei den eigenen Kindern: Vielleicht gehört es zu den größten Herausforderungen für Eltern zuzulassen, dass ihre Kinder ihre eigenen Kämpfe ausfechten. Wenn sie hingegen ihre Kinder ständig überwachen und übermäßig behüten, werden diese kein Selbstvertrauen entwickeln. Wenn sie ihnen keine Erprobungsräume öffnen, vermögen diese keine eigenen Wege zu gehen. Eltern, die ihre Kinder wirklich lieben, werden daher zunehmend auf Einflussnahme und Machtausübung verzichten.«

Das *Gefühl von Nähe und Verbundenheit* fährt fort: »Wo du gerade von Kindern sprichst: Ohnmacht ist eine der prägendsten Erfahrungen, die den Menschen von Geburt an begleitet. Ein Neugeborenes ist vollkommen hilflos und darauf angewiesen, dass sich die Eltern um es kümmern. Doch auch die Erwachsenen brauchen die Erfahrung von Nähe und Verbundenheit, um sich ihres Lebens freuen zu können. Und da kann das Empfinden von Hilflosigkeit *ein* Türöffner sein, der sie ermutigt, sich zu öffnen und andere um Hilfe zu bitten. Und beim Gegenüber können Mitgefühl und Hilfsbereitschaft wachsen.

Wenn Menschen den Mut haben, sich auch in ihrer Schwäche und Ohnmacht zu zeigen, kann echte Nähe entstehen.«

Die *Liebe*, die bisher schweigend zugehört hat, ergreift nun das Wort: »Liebes Ohnmachtsgefühl, du bist unangenehm und oft kaum zu ertragen. Doch ohne dich gäbe es auch mich nicht! Denn sobald es um eine tiefe Freundschaft oder Liebesbeziehung geht, gilt: Nie sind Menschen verwundbarer und damit auch ohnmächtiger, als wenn sie lieben. Welch schreckliche Zeiten durchlaufen Liebende bisweilen! Etwa wenn sie trotz aller Nähe und Verbundenheit einander immer auch schmerzhaft fremd bleiben. Wenn die Partnerin in ihr Unglück rennt und sich nicht davon abhalten lässt. Oder wenn die Beziehung zerbricht oder der Ehemann stirbt ... Tiefe Freundschaften und Liebesbeziehungen wecken immer wieder auch die Erfahrung, ohne Macht zu sein – und die Bereitschaft dazu bleibt eine ihrer Grundbedingungen.«

Als letztes Gefühl meldet sich noch die *Dankbarkeit* zu Wort: »Danke, liebe Ohnmacht, dass es dich gibt! Denn du hilfst dem Menschen, sich selbst und die Welt anders zu sehen. Entdeckt er, wie wenig er selbst in der Hand hat, kann ihm aufgehen, dass letztlich alles ein Geschenk ist: ›Dass ich lebe und atme, der Empfindungsreichtum meiner Seele und das Wunderwerk meines Körpers – das ist alles andere als selbstverständlich! Ich bin nicht nur, wie die Ohnmacht mir zeigt, ins Leben geworfen, sondern sie enthüllt mir zugleich: Ich bin vom Leben getragen und eingebettet in einen göttlichen Zusammenhang, der Sinn und Geborgenheit schenkt.‹«

Nach diesem Schlusswort der Dankbarkeit tritt Stille ein. Das *Ohnmachtsgefühl* erhebt sich leise und verlässt seine Ecke, um im Kreis der anderen Gefühle seinen Platz einzunehmen. Niemand will es mehr ausschließen oder ganz zum Verschwinden bringen. Wenigstens heute nicht – am Weihnachtstag, am Fest der Menschwerdung.

Und Sie: Welchen Platz möchten Sie dem Ohnmachtsgefühl geben? Was würden Sie sofort sein lassen, wenn Sie keine Angst mehr vor Ohnmacht hätten?

KAPITEL VIER: VON DER TRANSFORMATION EINES GEFÜHLS

»*Die fast unlösbare Aufgabe besteht darin, sich weder von der Macht der anderen, noch von der eigenen Ohnmacht dumm machen zu lassen.*«
(Theodor W. Adorno)

Die Geschichte »Vollversammlung der Gefühle« spiegelt auch etwas von meiner eigenen inneren Auseinandersetzung wider: Auf der einen Seite bin ich schnell dabei, den unangenehmen Empfindungen von Ohnmacht und Hilflosigkeit kein Heimatrecht in mir zu gewähren. Auf der anderen Seite habe ich schrittweise annehmen gelernt, dass diese Gefühle *ein* Aspekt des menschlichen Lebens sind. Vor allem aber habe ich über die Jahre hinweg entdecken und erfahren können, dass sie auch lebensförderliche Seiten haben – und das hilft mir, sie im Kreis meiner Gefühle als *eine* Stimme unter vielen Stimmen zu akzeptieren. Nach wie vor bleiben Situationen, in denen ich mich ohnmächtig oder überfordert fühle, schmerzhaft und manchmal finde ich sie kaum zum Aushalten. Doch die grundsätzliche Annahme dieser »schwachen« Gefühle hilft mir, dass ich mich meinem krisenhaften Empfinden stelle und mich auf den Weg mache, neue Handlungsfreiräume zu gewinnen.

Begleite ich Menschen in Krisen oder stecke selbst mittendrin, hilft mir ein Modell von mehreren Phasen. Diese darf man sich nicht als starre Abfolge vorstellen. Vielmehr handelt es sich um eine Reihe von Aufgaben, die sich sowohl gleichzeitig als auch mehrfach neu stellen können. In diversen Variationen finden sich diese Phasen in den verschiedenen Modellen der Trauer- und der Krisenverarbeitung. Auch in meinem Buch *Zuversicht*

– *Die Kraft, die an das Morgen glaubt* beschreibe ich dieses Wandlungsgeschehen und lege dabei einen besonderen Akzent auf die Bedeutung der Zuversicht. Im Folgenden steht das Erleben von Kontrollverlust und Ohnmacht im Mittelpunkt und wie sich dieses wandeln kann.

1. Der Schlüssel liegt in der richtigen Frage

Parzival, ein angesehener Ritter am Hof von König Artus, ritt auf seiner Suche nach dem Heiligen Gral durch eine öde, unwirtliche Gegend. Er wurde in die Burg des Gralskönig Anfortas eingeladen, wo ein großes Festmahl stattfand. Auf dem Bett lag der Burgherr, der an einer schmerzenden Wunde litt, die einfach nicht heilen wollte. Doch nicht nur der König, sondern sein ganzes Reich hatte die Kraft zur Genesung verloren. Aber niemand der Anwesenden sprach ihn auf sein Elend an. Als Parzival den König begrüßte, tat auch er so, als ob er die stinkende Wunde nicht wahrnehmen würde und alles in bester Ordnung sei – hatte er doch gelernt, dass es ungehörig sei, höhergestellte Personen nach ihrem Befinden zu fragen. Als Parzival am nächsten Morgen erwachte, war die Burg leer und der König mit seinem ganzen Hofstaat verschwunden.

Zurück am Hof von König Artus, wurde Parzival fehlendes Mitgefühl vorgeworfen, weil er den König nicht nach seinem Leiden gefragt hatte.

Es dauerte viele Jahre, bis er die geheimnisvolle Burg wiederfand. Der König befand sich in einem noch elenderen Zustand. Parzival ging auf ihn zu, kniete vor ihm nieder und fragte: »Oheim, sag, was quält dich so?« Diese mitfühlende Frage wirkte wie ein Wunder: Die Wangen des Königs gewannen ihre Farbe zurück und er war genesen. Im gleichen Augenblick begann auch das karge Land aufzublühen und die Leidenszeit fand ein Ende.

Die Geschichte von Parzival entstammt der Legende um den Heiligen Gral und wurde von Wolfram von Eschenbach vor über 800 Jahren niedergeschrieben. Doch die geschilderte Situation bleibt aktuell: Auch heute werden schweres Leiden oder eine bedrohliche Lage oft nicht offen angesprochen und die Menschen machen einfach so weiter, als läge nichts im Argen. Die mitfühlende Frage »Was quält dich?« lädt Menschen hingegen ein, ihre Sorgen und Ängste auszudrücken – und schon allein das kann Wunder wirken! Denn wenn Menschen einander ihre Ängste und Verzweiflung mitteilen, gehen sie oft gestärkt und genährt aus dieser Begegnung hervor.

Ähnlich ermutigen die Fragen: »Was quält mich? Was empfinde ich angesichts der bedrängenden Situation?« Sie helfen mir zu spüren, was sich in mir selbst abspielt. Und darin liegt der erste, entscheidende Schritt zur Genesung! Tauchen wir in unsere Tiefe hinab, lässt sich erahnen, dass diese nicht bodenlos ist.

Doch das ist leichter gesagt als getan. Denn wenn das Leben einem übel mitspielt, schreit unser angeborener Instinkt: »Nein! Das will ich nicht, bloß weg hier!« Und so leugnen viele das Problem oder fliehen das eigene Unbehagen. Aber durch ein solches Vermeidungsverhalten gewinnen wir keinen inneren Spielraum gegenüber unseren Gefühlen, sondern binden uns immer mehr an diese. Und wir manövrieren uns – ob als Einzelperson oder als Gesellschaft – immer tiefer in die Krise hinein.

Der Weg aus dem Schlamassel heraus verläuft genau andersherum: Der erste Schritt, um die qualvolle Situation zu überwinden, liegt darin, dass wir uns auf die innere Not einer Krise einlassen! In der ersten Phase geht es daher nicht um Lösungen. Und auch nicht um Fragen wie: »Was kann ich tun? Wie komme ich hier schnellstmöglich raus?« Vielmehr geht es einfach nur ums Ankommen. Und zwar ums Ankommen bei dem, was ohnehin bereits da ist. Denn wenn Menschen sich dem Strom ihres emotionalen Erlebens öffnen, anstatt sich zu verschließen, dann bringt es sie weiter. Und meist haben sie das Gefühl, eine Last würde von ihren Schultern fallen. Darin liegt ein seelisches Grundgesetz:

Was ist, das ist.
Was ist, darf sein.
Was sein darf, kann sich verwandeln.

Parzivals Frage bleibt aktuell

Um Ihrem emotionalen Erleben näherzukommen, können Sie die Frage des Parzival an sich selbst richten und bei sich etwa nachforschen: »Was quält mich? Was fühle ich angesichts der Situation, in die ich geraten bin?« Oder auch: »Was bedrückt mich, wenn ich in unsere Welt schaue?« Und dann geben Sie sich Zeit, um Ihren Antworten zu lauschen und sie eventuell auch zu notieren.

Helfen kann die Technik der offenen Sätze, indem Sie Halbsätze spontan weiterführen – und dies nicht nur ein Mal, sondern so oft, bis Ihnen nichts mehr in den Sinn kommt. Solch offene Sätze der Besorgnis können lauten:

- Wenn ich mir ins Bewusstsein rufe, in welcher Situation ich mich befinde, dann glaube ich, dass ...
- Ich habe Angst, dass ...
- Gefühle, die in mir aufsteigen, sind ...
- Ich vermeide diese Gefühle, indem ...
- Ich kann diese Gefühle nutzen, indem ...

Vielleicht hat eine andere Person in Ihrem Umfeld Schweres zu tragen. Sie tun ihr einen Dienst, wenn Sie ihr, ähnlich wie Parzival, mitfühlend offene Fragen stellen. Wichtig ist dabei, auf einen angemessenen Rahmen und einen geeigneten Zeitpunkt zu achten.

2. Glauben Sie nicht alles, was Sie fühlen

Werden wir wider Willen ausgebremst oder entgleitet ein Geschehen unserer Kontrolle, liegt es nahe, abwehrend zu reagieren. Und geraten wir gar in eine traumatisierende Situation, ist es natürlich und gesund, mit der ganzen Bandbreite der Empfindungen zu reagieren: von Empörung und Angst über Schuld, Ohnmacht und Verzweiflung bis hin zur heißen Wut. Aber wir können Gefühlen auch erliegen und uns in ihnen verlieren. Dann verdunkeln sie unseren Geist und wirken wie Filter, welche die Sicht auf die Wirklichkeit und auf uns selbst verzerren. Empfinden wir Hilflosigkeit und Ohnmacht, kann dies beispielsweise dazu führen, dass wir uns als ausgelieferter erleben, als es der konkreten Situation entspricht, und wir nutzlos leiden. Die Lage erscheint aussichtsloser, als sie in Wahrheit ist, weil wir sie durch unseren getrübten Blick schwarzmalen und »katastrophieren«. In der Folge besteht die Gefahr, dass wir zu früh das Handtuch schmeißen und Chancen nicht ergreifen.

Wenn Sie sich in einer Situation schachmatt gesetzt fühlen oder von anderen Gefühlen bedrängt werden, dann tun Sie gut daran, daraus kein Drama zu machen. Glauben Sie nicht alles, was Sie fühlen! Bringen Sie Ihrer unmittelbaren Wahrnehmung vielmehr ein gewisses Misstrauen entgegen und schalten Sie Ihren Verstand ein. Indem Sie die Situation nüchtern analysieren, bahnen Sie sich einen Weg durch die Krise.

Genau hinschauen

Je genauer wir eine bedrängende Situation in ihren einzelnen Aspekten anschauen und je präziser unsere Bestandsaufnahme ausfällt, desto mehr erhöhen wir die Chance, dass wir nicht in Ohnmachtsgefühlen erstarren; dass wir einen realistischeren Blick vom Geschehen gewinnen und dass wir irgendwann die Krise meistern werden.

Fragen für die äußere Bestandsaufnahme können lauten:
- Wie sehen die genauen Umstände meiner Situation aus? Welche Fakten kann ich auflisten?
- Welche Informationen brauche ich, um die Sachlage besser zu verstehen, und wo und wie kann ich sie mir beschaffen?
- Worin sehe ich im Augenblick die größten Gefahren?
- Welche Ressourcen stehen mir zur Verfügung, um die Situation zu verändern, und wen kann ich um Hilfe bitten?
- Welche Aufgabe ist heute an der Reihe? Was kann und soll ich jetzt tun?

Es empfiehlt sich, den Blick auch nach innen zu richten und sich zu fragen:
- Was belastet oder bedrängt mich am meisten?
- Welche Wünsche oder Erwartungen sind durchkreuzt worden?
- Was macht mich hilflos und ohnmächtig? Was weckt Angst in mir – und wie berechtigt ist meine pessimistische Bewertung?
- Welche meiner Bedürfnisse und Werte sind verletzt worden?
- Was sind jetzt meine dringendsten Bedürfnisse? Und was sind meine wichtigsten Werte?

Wenn Sie in schwierigen Situationen eine solche Inventur machen, dann tun Sie sich in mehrfacher Hinsicht einen Gefallen.
Erstens: Statt dass Sie die Krise herunterspielen oder dramatisieren, gewinnen Sie einen nüchternen Blick auf die Situation und sich selbst. Manchmal werden Sie entdecken, dass Sie mit Unausweichlichem konfrontiert und einem Geschehen tatsächlich ausgeliefert sind. In anderen – meiner Erfahrung nach, in weitaus häufigeren – Fällen wird Ihnen aufgehen, dass Ihnen mehr Handlungsmöglichkeiten zur Verfügung stehen

als bislang angenommen: etwa in einer Beziehungskrise, bei übler Nachrede oder einer schweren Erkrankung. Gerade, wenn Ihnen der Ernst der Lage *und* die vorhandenen Spielräume aufgehen, können ein neuer Appetit aufs Leben und die Lust zum Handeln wachsen.

Zweitens macht die innere Bestandsaufnahme auf eine wichtige Unterscheidung aufmerksam: Sie können dieses oder jenes Gefühl *haben,* aber Sie *sind* es nicht. Sie sind mehr als Ihr Gefühl! Auch wenn ein Teil von Ihnen tief in Mitleidenschaft gezogen ist, gibt es Heiles und Kraftvolles in Ihnen: Erfahrung und Wissen, Kraft und Können, lebensbejahende Empfindungen und vieles mehr. – Egal, ob Sie an einer Situation nichts ändern können oder Gestaltungsmöglichkeiten haben: Diese Entdeckung wirkt befreiend und stärkend!

Und *drittens* treten bei einer inneren Bestandsaufnahme die eigenen Denkgewohnheiten und Einstellungen klarer zutage. Etwa bei Ausrufen wie: »Für mich bricht eine Welt zusammen!« Oder: »So habe ich mir das nicht vorgestellt!« – Solche unwillkürlichen Reaktionen sind aufschlussreich, denn sie verdeutlichen: Unsere Gefühle haben etwas mit unseren enttäuschten Vorstellungen zu tun. Wer beispielsweise glaubt, dass im Leben immer alles fair laufen sollte und sich Schweres prinzipiell aus dem Weg räumen lässt, ist darüber schockiert, wenn ihm so etwas passieren sollte. Dann wird eine ungerechte Personalentscheidung zur inakzeptablen Provokation; eine Krankheit zur Niederlage; und ein 86-Jähriger, der im Sterben liegt, fragt voll ohnmächtiger Wut: »Warum ausgerechnet ich?!«

Solche irrationalen Annahmen über das Leben sind gang und gäbe und einer der häufigsten Gründe für das *Leiden am Leiden.* Insbesondere der verbreitete Machbarkeitswahn spielt hier eine unselige Rolle. Aber in dem skizzierten Zusammenhang von Erwartungen und Emotionen liegt auch eine Chance: Er öffnet die Tür, um gelassener mit der Konflikthaftigkeit des

Lebens umzugehen. Denn *wie* wir die Dinge erleben, ist kein unabwendbares Schicksal! Wir sind keine passiven Beobachterinnen und Beobachter unseres eigenen Lebens. Vielmehr haben wir eine gewisse innere Freiheit, mit welcher Einstellung wir Schwerem oder gar Schicksalsschlägen gegenübertreten: Betrachte ich Leiden dauerhaft rein als Ärgernis und sehe mich selbst als Opfer widriger Umstände, übellauniger Mitmenschen oder des Lebens selbst? Oder versuche ich, mir die Situation anzueignen, indem ich sie als einen persönlichen Anruf an mich verstehe?

Welche dieser beiden Perspektiven wir einnehmen, ist von weitreichender Bedeutung! Natürlich, die Dinge selbst bleiben, wie sie sind, aber unsere Gedanken bestimmen unser Erleben und Handeln mit.

Dranbleiben oder loslassen?

Je nachdem, was der Realitäts-Check zutage befördert – ob und was ich an der Situation verändern kann oder wo ich Unlösbarem gegenüberstehe –, werden die Weichen anders gestellt: Mal ist die Fähigkeit gefordert, dem Schicksal zu widerstehen, und mal die Fähigkeit, etwas zu ertragen und auszuhalten. Doch oft fällt es schwer zu unterscheiden, was jetzt dran ist: Widerstand oder Ergebung? Dranbleiben oder loslassen?

Ein schwer erkrankter Mann schrieb mir als Themenwunsch für meinen Podcast *GANZ SCHÖN MUTIG,* in dem ich 14-tägig mit einem Journalisten über die verschiedenen Facetten des Lebens nachdenke: »Ich frage mich, wie ich in aussichtslosen Erkrankungen mein Leben gestalten kann. Ist es sinnvoll, mich vollends in die Hände der Medizin zu begeben und alles auszureizen, was möglich ist? Oder soll ich mein nahes Ende respektieren?«

Nach dem Einholen aller wichtigen Informationen kann in solchen Situationen nur jede und jeder selbst entscheiden, was für einen stimmig ist. Natürlich spielen Gespräche mit Vertrauten eine große Rolle, aber im Letzten ist hier jede:r selbst gefragt!

Unterscheidungsvermögen tut not, um auf die Frage antworten zu können: *Welche Dinge in meinem Leben kann und will ich ändern, und wo ist es Zeit, Unabänderliches anzunehmen?* Reinhold Niebuhr betet mit folgenden Worten um die Gabe der Unterscheidung: »Gott, gib mir die Gelassenheit, Dinge hinzunehmen, die ich nicht ändern kann, den Mut, Dinge zu ändern, die ich ändern kann, und die Weisheit, das eine vom anderen zu unterscheiden.«

Vielleicht lesen Sie dieses Gebet mit Befremden, weil Sie sich nicht als religiös oder spirituell verstehen. Doch möglicherweise sind Ihnen Erfahrungen vertraut wie: »Ich stand vor einer Entscheidung und kam nicht weiter – doch irgendwie wuchs wie von selbst eine Klarheit in meinem Innern.« Oder wenn es im Leben hart auf hart kommt und Sie um die Kraft ringen, etwas durchzustehen – und Tag für Tag auch Mut und Vertrauen »irgendwie« in sich vorfinden … In solchen Situationen spüren Sie vielleicht: Ich lebe nicht nur aus meiner eigenen Kraft. Ich schöpfe aus einer Quelle, die den Tiefen meiner Seele entspringt *und* die mir zugleich geschenkt wird. Solche Erfahrungen können einen auf die Idee bringen: Ich bin Teil einer unsichtbaren Ordnung, deren Mitte nicht ich selbst bin. Und mit dieser Mitte verbunden zu sein schenkt – wenn manchmal auch nur für einen Augenblick – Frieden und Sinn.

»Es gibt einen Gott. Und ich bin es nicht.« – So hat es Jim Henson, der Erfinder der *Muppet Show*, humorvoll auf den Punkt gebracht.

3. Wenn der Tiefpunkt zum Wendepunkt wird

Das Menschsein bringt Leiden und Widriges mit sich, das sich nicht aus dem Weg räumen lässt. Ein Schicksalsschlag kann im Bruchteil einer Sekunde unser gewohntes Leben zerstören, und manchmal müssen Menschen schier Unerträgliches schultern. Aber auch zum normalen Zusammenleben gehört die Erfahrung, dass sich uns jemand in den Weg stellt. Denn sobald auch nur zwei Personen zusammenkommen, treffen verschiedene Bedürfnisse, Werte und Vorstellungen aufeinander. Oder wie der Arzt und Psychoanalytiker Marc Oraison schreibt: »Geboren werden heißt in Konflikte geraten.« Wie mit solchen Erfahrungen von Widerstand und Kontrollverlust, von Ohnmacht und Leid umgehen?

Der unliebsame Untermieter

Eine Frau, die an einer schweren chronischen Erkrankung litt, kämpfte Monat für Monat gegen ihr Leiden an. Doch sie focht einen aussichtslosen Kampf. Es brauchte lange, bis sie sich eingestand: »Ich werde meine Krankheit partout nicht los«, und nach Wegen suchte, damit leben zu lernen. In einem unserer Gespräche verwendete sie ein beeindruckendes Bild: »Meine chronischen Schmerzen gleichen einem Untermieter, der mich leidend macht. Aber weder zieht er aus noch kann ich ihn rausklagen. Ich muss ihn wohl als Untermieter akzeptieren.« Diese notgedrungene Akzeptanz ihres leidigen Mitbewohners hat zwar nicht ihren körperlichen Schmerz gemindert, wohl aber ihr Schmerzerleben verwandelt. Durch die Akzeptanz nahm die Frau der Krankheit ihre alles bestimmende Macht. Sie gab ihr einen Ort im eigenen Leben und begrenzte sie dadurch. Im Bild ausgedrückt: Solange sie den Untermieter vor die Tür setzen wollte, spukte dieser als Schatten ständig in ihrem Leben herum. Als ob er zu allen Räumen ihres Lebens einen Schlüssel hätte. Doch sobald sie sich mit der Existenz ihres Untermieters arrangierte, verlor dieser seine Schlüsselgewalt und sie gewann wieder Raum für andere und anderes.

»Das Leben ist das, was einem zustößt, während man gerade eifrig andere Pläne schmiedet.« Dieser Satz von John Lennon kam mir in den vergangenen Wochen oft in den Sinn. Ich hatte geplant, nach einem erfüllten Sommer an diesem Buch zu arbeiten, mit Freunden durch die herbstlichen Wälder zu wandern, mir Zeiten der Stille zu gönnen und mit meiner Gemeinschaft schöne Stunden zu verbringen. Doch es kam ganz anders: Vor zwei Monaten hatte ein mir nahestehender Mensch einen Unfall und mir war klar: »Hier bin ich gefordert!« Kaum kam ich bei der besagten Person an, um sie zu unterstützen, packte mich eine hartnäckige Erkrankung, die mich lange im Griff hielt.

Ich mag das nicht, um jemanden Angst zu haben, Absprachen nicht einhalten zu können und mich elend zu fühlen. Und natürlich: Das ist ja auch alles andere als schön! Aber bisweilen habe ich mir diese mühsame Zeit noch selbst erschwert – und zwar, wenn ich mich an meine Vorstellung geklammert habe, was doch jetzt eigentlich hätte sein sollen. Denn dadurch manövrierte ich mich zielsicher in eine wachsende Unzufriedenheit hinein.

Die vergangenen Monate haben mich wieder neu gelehrt: Wenn ich mich auf Dauer an Unabwendbarem reibe, dann reibe ich mich auf und werde wund. Die Situation beginnt sich erst zu bessern, wenn ich aufhöre, gegen sie anzukämpfen, und mich in das Unvermeidliche füge. Auch wenn die altertümliche Formulierung »*sich in eine Situation ergeben*« nach lebensfeindlicher Selbstaufgabe klingt: In ihr liegt etwas Humanes! Denn sich zu ergeben ermöglicht, sich aus einem krampfhaften Dauerkampf zu befreien und wieder offen zu werden für andere

Aspekte des Lebens. In Christa Wolfs Werk *Kassandra* heißt es: »Jeder Krieger muss aufhören können zu siegen.«

Natürlich, in einer Gesellschaft, die auf positives Denken und lösungsorientiertes Handeln getrimmt ist, kommt eine Lobrede der Ergebung fast verwegen daher. Denn wenn wir in Krisen gegenüber dem Unausweichlichen kapitulieren und unsere Ohnmacht eingestehen, dann führt dies in den Tiefpunkt der Krise. Und nichts fürchtet das Ich mehr als das Eingeständnis, dass es die Kontrolle verloren hat! Doch die Kapitulation ist ein entscheidender Schritt, um Friedensverhandlungen zu beginnen.

Gerade das Eingeständnis der Ohnmacht kann zum unerwarteten *Wendepunkt* werden: Im Tiefpunkt der Krise lassen wir alle konkrete Hoffnung auf eine Wiederherstellung des alten Lebens fahren und haben noch keinen blassen Schimmer vom neuen. Und genau durch dieses Lassen kann der Tiefpunkt – wie beim Buchstaben *U* – zum Wendepunkt werden und sich unverhofft die Zuversicht einstellen, dass selbst in der allergrößten Not noch nicht das letzte Wort gesprochen ist.

Damit verbunden: Wer das Schwere anerkennt und sagt: »Das gehört dazu!«, gewinnt neue Kraft: Er oder sie geht den ersten entscheidenden Schritt, der aus der passiven Opferrolle herausführt, und beginnt, mit dem Unvermeidlichen zu kooperieren.

All dies zeigt: Sich in eine bestimmte Situation zu ergeben ist kein Zeichen von Kleinmut, sondern ein Akt der Selbstbehauptung mitten in einer (mehr oder weniger) schweren Krise. Konkret kann dies bedeuten: Ich erkenne die Einsamkeit in meiner Liebesbeziehung an, ohne dies der anderen Person oder mir selbst zum Vorwurf zu machen, und ich bleibe ihr wohlwollend zugewandt. Oder: Ich akzeptiere die Macht eines Schicksalsschlags und füge mich in das Unvermeidliche, ohne im Selbstmitleid zu versinken. Ergebung geht also mit der

Fähigkeit einer, nicht in geträumte Wunschwelten davonzuschweben, sondern im Hier und Jetzt Fuß zu fassen. In der Folge gewinnen wir eine neue Freiheit, die Aufmerksamkeit auf das zu lenken, was wir tatsächlich vermögen. Wir werden wieder offen für andere Themen und Menschen, denen wir begegnen, und manchmal sogar dankbar für das Gute, das es immer noch gibt. Oder ganz schlicht gesagt: Hören wir auf, sinnlose Kämpfe zu kämpfen, kommen wir besser durch den Tag und schlafen nachts ruhiger.

Ein Stoßseufzer
Kommt Ihnen manchmal unbewusst der Stoßseufzer »Ach ja!« über die Lippen? In dem Fall lohnt es sich, auf Ihre zwei Worte zu lauschen. Im »Ach!« drückt sich die Klage aus über Ausweglosigkeit und Angst, Ohnmacht und Leid ... Und im »Ja« schwingt mit ein gestammeltes: »Ja, es ist, wie es ist.« – Ein Stoßseufzer voller Weisheit, der eine heilsame Richtung angibt.

Für mich persönlich wandelt sich dieser Stoßseufzer oft in ein Gebet: Im *Ach!* halte ich Gott klagend Menschen hin, die unter Schwerem leiden, und auch meine eigene Not. Im *Ja* stammle ich: »Es ist, wie es ist. Dir, Gott, vertraue ich es an. Ich hoffe, dass meine Klage und die Klage so vieler nicht im Leeren verhallen, sondern dass jenseits der Dinge ein Herz ist, das alle Widersprüche vereinen kann.«

Eine Enthüllung aus meinem Schlafzimmer
Heute Nacht hatte ich einen Traum, durch den mir aufging, wie sehr ich immer noch dagegen ankämpfe, dass ich einen Menschen, den ich sehr liebe, unwiderruflich verloren habe.
Ich habe mich mit Bernd zum Schwimmen verabredet, doch dieser sagt unser Treffen aufgrund eines wichtigen Termins ab. Enttäuscht gehe ich allein zum Hafen und steige auf ein Schiff in der Annahme, dass auch Bernd später an Bord kommen wird. Es löst

sich vom Ufer und auf einmal entdecke ich, dass ich völlig allein auf dem Dampfer bin. Von einer starken Strömung getrieben driftet er auf das offene Meer zu. Ich bekomme schreckliche Angst und schreie um Hilfe. Aber niemand hört mich.
In meiner Todesangst springe ich ins Meer und versuche mit aller Kraft, das riesige Schiff an einem Tau in den Hafen zurückzuziehen. Sobald ich in meiner Anstrengung etwas nachlasse, treibt die Gegenströmung mich wieder hinaus. Verzweifelt kämpfe ich gegen die Gewalt der mich immer weiter hinaustreibenden Fluten an, doch meine Kräfte reichen nicht.
Ich spüre: Ich habe den Kampf verloren! Mir wird es nicht gelingen, das Schiff zurück in den Hafen zu bringen. Ich gebe auf, klettere mit meinen letzten Kräften an Bord und schaue, wohin mich das Schiff treibt. Schließlich strandet es an einem mir fremden Ufer. Ich gehe an Land und blicke voll Schmerz zurück. Der Hafen ist nicht mehr zu sehen. Er liegt in weiter Ferne und Bernd ist für mich unerreichbar geworden. Trauer überwältigt mich und ich weine, weine und weine …

»Ja, es ist so: Ich habe diesen Menschen für immer verloren.« »Ja, ich erkenne an: Wir werden keine Kinder bekommen können.« »Ja, ich gestehe zu, dass meine Frau an Demenz leidet und wir Monat für Monat einander mehr verlieren.« Solche Sätze für sich selbst zu formulieren tut unsagbar weh! Für ein solches *Ja* zum Unveränderlichen reicht es nicht, sich mit positivem Denken über einen erlittenen Verlust hinwegzutrösten oder einfach daran zu glauben, dass schon alles sein Gutes habe. Es gibt keinen Schleichweg an der Trauer vorbei!

Doch wenn Sie trauern und klagen können, sind Sie auf dem Weg der Heilung. Denn wenn Sie Ihre Trauer über das Verlorene zulassen, akzeptieren Sie die Veränderung, die sich nicht mehr rückgängig machen lässt. Sie nehmen wirklich Abschied von dem, was endgültig vergangen ist. Unwiderruflich loszulassen tut weh! Aber mit der Zeit kann sich etwas verwandeln. Kann sich etwas in *Ihnen* verwandeln. In der Trauer liegt eine kreative Kraft, durch die sich irgendwann eine neue Ordnung auftut.

Zum einen vermag die Trauer über das Verlorene oft auch den Blick für das Bleibende zu öffnen. Ich entdecke, dass die guten gemeinsamen Stunden mit der anderen Person nicht einfach durchgestrichen sind. Oder dass das Leiden an der ungewollten Kinderlosigkeit uns als Paar mehr zusammengeführt hat. Vielleicht blitzt dann sogar ein Gefühl von Dankbarkeit auf … Dankbarkeit streicht die Trauer nicht durch, doch sie bewahrt das Herz vor der Verzweiflung. Und dazu kann ich mich entschließen: Dass ich anerkenne, was Dankbarkeit in mir weckt.

Zum anderen kann die Trauer uns Möglichkeiten entdecken lassen, die wir bislang übersehen haben, weil wir auf unseren bisherigen Lebensentwurf fixiert gewesen sind. Sie kann unsere Fähigkeit zur Wandlung wachrufen und den inneren Raum schaffen, einen neuen Anfang zu setzen.

Praxistipp: Ein Trauerhügel

Für besondere Anlässe wie etwa zur Geburt oder dem Tod eines Menschen haben alle Kulturen Riten und Zeremonien entwickelt, in denen Emotionen wie Freude oder Trauer ausgedrückt und gewürdigt werden. Neben gemeinschaftlichen Riten haben aber auch persönliche Rituale einen tiefen Sinn. Eine Möglichkeit: der persönliche Trauerhügel.

»Was habe ich unwiederbringlich verloren und worüber trauere ich?« – Mit dieser Frage im Sinn können Sie spazieren gehen und Ausschau halten nach einem Gegenstand, der etwas von diesem Kostbaren symbolisiert, das Sie verloren haben.

Dann wählen Sie einen besonderen Ort aus, an dem Sie den Gegenstand niederlegen und auf diese Weise den Verlust und den Kummer, den Sie spüren, symbolisch ausdrücken. Sie können diesen Ort immer wieder aufsuchen, um mit neuen Zeichen den Verlust und ihre Trauer darzustellen. So wächst mit der Zeit ein kleiner Trauerhügel.

Was mich inspiriert
Leide ich an Unabänderlichem oder trauere ich über Verlorenes, spreche ich gerne ein Gedicht von Hilde Domin leise vor mich hin.

Zärtliche Nacht

Es kommt die Nacht
da liebst du

nicht was schön –
was hässlich ist.

Nicht was steigt –
was schon fallen muß.

Nicht wo du helfen kannst –
wo du hilflos bist.

Es ist eine zärtliche Nacht,
die Nacht da du liebst,

was Liebe
nicht retten kann.[10]

Sich befragen lassen

Es ist deutlich geworden: Sich in eine unabänderliche Situation zu ergeben und Unveränderliches zu betrauern meint nicht, sich aufzugeben. Ebenso wenig bedeutet es, einen fatalen Schlussstrich zu ziehen und nur noch auf das Ende zu warten. Im Gegenteil: Fügen wir uns in das Unvermeidliche, dann trägt dies dazu bei, dass wir einen neuen, andersgearteten Anfangspunkt setzen. Wir können unsere verbliebenen Kräfte sammeln und besser einsetzen. Und wir gewinnen den inneren Freiraum, nach eigenen Antworten zu suchen auf die Frage, die sich nun stellt: »Ja, es ist, wie es ist. Aber wie gehe ich nun damit um?«

Trifft uns ein herber Verlust oder stellt ein Schicksalsschlag unser vertrautes Leben infrage, dann liegt es nahe, rückblickend zu fragen: »Warum musste es so kommen?« Auf diese rückwärtsgewandte Frage nach dem *Warum* gibt es oft keine Antwort. Ja, sie hindert uns am Weitergehen. Wer hingegen seine Blickrichtung ändert vom Warum hin zum *Wozu*, betrachtet die belastende Situation in einem neuen Licht – nämlich aus der Sinnperspektive. Und diese setzt neue Kräfte frei.

In dem sinnstiftenden Haltungswechsel vom *Warum* hin zum *Wozu* liegt für den bekannten Psychiater und Psychologen Viktor Frankl eine »kopernikanische Wende«: Nämlich, dass »wir nicht mehr einfach nach dem Sinn des Lebens fragen, sondern dass wir uns selbst als die Befragten erleben, als diejenigen, an die das Leben täglich und stündlich Fragen stellt«.

Denken wir darüber nach, dann kommt es zu einem befreienden Perspektivenwechsel. Wir bleiben nicht stehen bei der Klage: »Warum musste mir das passieren?!« Und bleiben auch nicht hängen bei der vorwurfsvollen Frage an den anderen oder an das Leben: »Warum mutest du mir das zu?!« Vielmehr entdecken wir, dass *wir* die Befragten sind. Dass das Leben *uns* Fragen stellt. Wir erleben die Situation als Anruf an uns, Stellung zu beziehen zu der Not, in der wir stecken. Nach Antworten zu suchen auf Fragen wie: Was kann ich aus dieser Geschichte lernen? Wozu fordert mich die Krise heraus? Worauf kommt es mir jetzt an? Was werden meine Liebsten davon haben, wenn ich diese Situation meistere? Was werde ich der Welt geben können, wenn ich diese Herausforderung wirklich annehme? Was ist jetzt dran? Was ist die Forderung des Augenblicks?

Auf solche Sinnfragen können nur Sie selbst antworten! Darin liegt vielleicht die wichtigste Aufgabe, die das Leben Ihnen stellt und die Sie weder delegieren können noch dürfen. Finden Sie zu einer für Sie stimmigen Einsicht, dann führt Sie dies einen großen Schritt aus dem Ohnmachtsgefühl heraus. Und oft stellt sich ganz unmerklich eine neue, ungeahnte Zuversicht ein.

4. Es geht weiter

Um eine Situation oder auch eine handfeste Krise zu meistern, gilt es, dass wir neue Perspektiven entwickeln, Gestaltungsspielräume entdecken und nach konkreten Schritten fragen. An diesem Punkt liegt es nahe, auf die bereits gemachte Bestandsaufnahme zurückzugreifen, da diese den Boden für die jetzt anstehenden Fragen bereitet hat.

Angenommen, Sie haben erkannt, dass Sie sich ohnmächtiger fühlen, als Sie es in Wahrheit sind: Dann stehen Sie nun vor der Aufgabe, sich möglichst viele Optionen zu überlegen, wie Sie mit der Situation umgehen könnten. Benennen Sie zunächst die naheliegenden Handlungsmöglichkeiten und entwerfen dann mindestens zwei oder drei weitere Alternativen. Durch dieses Vorgehen vermeiden Sie, dass Sie sich vorschnell an gewohnten Routinen und althergebrachten Antworten orientieren und dadurch andere Lösungsmöglichkeiten übersehen. Um Ihren Ideenkorb zu füllen, hilft es, auch andere mit ins Boot zu holen, denn die haben oft eine ganz andere Sicht und können Überraschendes beitragen.

Ganz wichtig: Haben Sie den Mut, eine Möglichkeitsdenkerin bzw. ein Möglichkeitsdenker zu sein! Und bleiben Sie nicht in einem Entweder-oder hängen. In einer komplexeren Situation – etwa wenn der Haussegen schief hängt – hilft es, nicht nur über die erstbesten Möglichkeiten nachzudenken (»Soll ich mich trennen oder nicht?«), sondern sich auch andere Optionen zu überlegen. Beispielsweise eine gemeinsame Paartherapie oder eine Trennung auf Zeit. – Ob sich die von Ihnen entworfenen Alternativen wirklich alle in die Realität umsetzen lassen, ist in der Sammelphase noch gar nicht so bedeutsam. Wesentlich ist, dass Ihnen eine positive Veränderung der Situation überhaupt möglich erscheint. Dass Sie wieder den Eindruck gewinnen, in der Zukunft mehrere Optionen zu haben, auf die Sie zugreifen können. Um dann in einem nächsten Schritt zu entscheiden, welche Option Sie wählen. Und dann gilt es natürlich, diesen Entschluss in die Tat umzusetzen. Dabei ist es gut, nüchtern damit zu rechnen: Manchmal werden sie Durststrecken und Hürden überwinden und alten Denk- und Verhaltensgewohnheiten widerstehen müssen.

Ganz anders stellt es sich dar, wenn jemand nach einem Schicksalsschlag möglicherweise sein gesamtes Leben neu ordnen muss. Ob nach dem Tod des eigenen Kindes oder nach einem Schlaganfall, der einen an den Rollstuhl fesselt: Das Leben ist völlig aus den Fugen geraten! Doch jeder noch so kleine Schritt in Richtung Neuordnung führt ein wenig aus der Ohnmacht heraus. Und gibt ein Stück Hoffnung zurück.

Solche Schritte können sein: sich mit anderen Personen in einer ähnlichen Situation treffen; einen stimmigen Tagesrhythmus entwickeln; zu einem alten Hobby zurückkehren, das man geliebt, aber in den letzten Jahren vernachlässigt hat. Und sich fragen: Wem kann ich etwas Gutes tun? Wer braucht mich?

Eine wichtige Unterstützung kann darin liegen, dass man sich eine vertraute Person als Zeugin für die geplanten Schritte ins Neuland sucht. Eine Person, die an mich glaubt und mir hilft, nach vorne zu schauen. Die mir den Rücken stärkt und notfalls auch mal in den Hintern tritt.

5. Vom Nicht-Machbaren

Der Ohnmacht ihre Macht zu nehmen und einen neuen Anfang zu setzen nimmt alle unsere Kräfte in Anspruch: unser Fühlen und Denken, Wollen und Handeln. Aber es wäre falsch zu meinen, dass es auf diesem Wandlungsweg allein auf unsere Aktivität ankommt. Ebenso wichtig sind die Bereitschaft und die Fähigkeit, etwas geschehen zu lassen! Denn dass einen unterwegs nicht die Kräfte verlassen und man resigniert aufgibt; dass man trotz der nicht enden wollenden Nacht auf einen neuen Morgen hofft; dass man an einem Schicksalsschlag nicht zerbricht, sondern in ein neues Leben hineinfindet – all das entzieht sich bei allem Engagement immer auch der eigenen Verfügungsmacht.

Insbesondere wenn eine Person Schreckliches erleiden muss, erlebt sie es auch als ein Geschenk, wenn sie Tag für Tag die Kraft zum Weitergehen findet. Wenn sie sich in der Ohnmacht »irgendwie« gehalten erfährt. Und es ist wie ein Wunder, wenn sich nach langer Nacht ein heller Streifen am Horizont zeigt.

Es wird deutlich: Um Ohnmachtserfahrungen zu verwandeln und Krisen zu bestehen, sind unser Tun gefordert *und* unsere Bereitschaft, geschehen zu lassen. Wir brauchen eine aktive Einstellung dem Leben gegenüber mit viel Mut zu Angst und Ohnmacht *und* eine empfangsbereite Haltung. Darin liegt eine Grundregel für ein solches Wandlungsgeschehen: Alles tun, was in unserer Macht liegt, *und* offen sein für Rettendes.

Als ich durch schwere dunkle Monate ging, in denen ich keinen blassen Schimmer hatte vom berühmten Licht am Ende des Tunnels, habe ich oft ein Gedicht von Hilde Domin rezitiert – voll Sehnsucht und mit einer verhaltenen Hoffnung:

Nicht müde werden

Nicht müde werden
sondern dem Wunder
leise
wie einem Vogel
die Hand hinhalten.[11]

KAPITEL FÜNF: UND WENN ES NICHT MEHR GUT WIRD?

Unser persönlicher Lebenslauf, aber auch die Entwicklung unserer Gesellschaft wird uns unvermeidlich in Situationen führen, in denen uns die Kontrolle entgleitet. In der Tiefe ahnt vermutlich jede:r, wie zerbrechlich alles ist: ein gesunder Körper und seelische Stabilität, gelingende Beziehungen und eine zufriedenstellende Tätigkeit, genügend Wasser und ein geheizter Raum im Winter, ein funktionierendes Gesundheitssystem, Frieden und eine intakte Natur …

Zu spüren und zu wissen, dass Ohnmacht in unser Lebensskript eingeschrieben bleibt, macht uns in mehrfacher Hinsicht menschlich: *Erstens* kann diese Einsicht uns realistischer werden lassen – und das bedeutet angesichts des Machbarkeitsglaubens auch: bescheidener. Denn nicht alles Wünschenswerte ist auch möglich! Zu diesem Realismus gehört, die Grenzen des menschlich Machbaren anzuerkennen. Und zu akzeptieren, dass das Zusammenleben mit anderen – selbst mit unseren Liebsten! – nicht nur harmonisch und bereichernd, sondern auch ambivalent und konfliktreich ist. *Zweitens* vermag das Erleben von Kontrollverlust unsere Sensibilität für Gefahren und unser Risikobewusstsein zu schärfen. Es kann uns zeigen, was in den Krisen unserer Zeit auf dem Spiel steht. *Drittens* erinnert die Einsicht in unsere existenzielle Ohnmacht uns daran, dass wir Menschen einander brauchen. Sie kann uns öffnen für die Hilfe anderer und weitere Aspekte des Lebens zum Zuge kommen lassen: zum Beispiel Mitgefühl und Solidarität, Vertrauen und Verbundenheit, Humor und Hingabe.

Und *schließlich* kann die Erfahrung von Ohnmacht das Tor zu einem gelasseneren Dasein öffnen. Ein Erleben, das Rainer Maria Rilke in seinem Gedicht »Herbst« mit den Worten ausdrückt: »Wir alle fallen. Diese Hand da fällt. Und sieh dir andre an: es ist in allen. Und doch ist Einer, welcher dieses Fallen unendlich sanft in seinen Händen hält.«[12] Das leise Ahnen, dass ich irgendwie aufgefangen werde, wenn ich ins Bodenlose stürze, weckt Vertrauen und lässt mich mehr in Einklang mit der Gegenwart leben.

Während ich diese Zeilen schreibe, atme ich tief durch, denn: All das *kann* sich ereignen, aber muss es nicht. Ja, es ist in keinster Weise selbstverständlich! Zwar bezeugen zahlreiche Menschen, dass sie aus einer Krise gestärkt hervorgegangen sind. Etwa, dass sie seitdem erfülltere Beziehungen führen, ihre Prioritäten neu gesetzt haben, sensibler oder kraftvoller geworden sind. Und auch die Traumaforschung kennt den sogenannten posttraumatischen Wachstumsschub. Doch ebenso trifft zu, dass Menschen an Schicksalsschlägen zerbrechen. Dass es im Leben Risse gibt, die sich nicht kitten lassen, sowie Unrecht und Unheil, angesichts derer Menschen verzweifeln.

1. Nicht alles hat sein Gutes!

»Mein Blick ist verstellt. Noch sehe ich nicht, was nach der nächsten Biegung kommt. Aber eins weiß ich gewiss: Der Schmerz und das Vermissen gehen niemals mehr weg. Will ich auch gar nicht.« – So schrieb mir eine Frau, deren Sohn sich »aus heiterem Himmel« das Leben genommen hatte. Diese Mail hat mich betroffen und nachdenklich gemacht. Und es war für mich ein Anlass mehr, das Thema »Wie weiterleben? – Vom Umgang mit Schicksalsschlägen« in meinem Podcast *GANZ SCHÖN MUTIG* aufzugreifen. Selten habe ich so viel Echo auf eine Folge bekommen wie auf diese. Insbesondere löste meine Kritik an der verbreiteten Überzeugung »Alles hat sein Gutes« Zustimmung und Erleichterung aus.

In unserer Gesellschaft, die auf Selbstoptimierung getrimmt ist, wird einem suggeriert, dass alles irgendwie sein Gutes habe. Egal, ob es um Unfallopfer oder um verwaiste Eltern geht, um Krebskranke oder grandios Gescheiterte: Zahlreiche Magazine und Fernsehdokumentationen vermitteln Botschaften wie: »Die Krise ist dein Trainingslager, Burn-out eine Bewährungsprobe und Scheitern eine Chance.«

Hier ist sie wieder: Die Optimierungslogik unserer Gesellschaft, die einen in die Sackgasse von Überforderung und Ohnmacht manövrieren kann. Es wird die Erwartung genährt, dass man an Widrigem wächst und allem Negativen noch etwas Positives abgewinnen könne. Und auch wenn die Erfahrung noch so bitter sei, so möge man sie doch bitte als heilsame Medizin schlucken.

Doch eine solche Welt voll von resilienten Optimisten, in der jede:r gestärkt aus Krisen hervorgeht, halte ich für einen Wunschtraum! Denn Menschen verzweifeln heute wie eh und je: Da leidet jemand an einer schweren Depression und die Düsternis weiter zu ertragen erscheint ihm schlimmer als der Tod. Eltern verlieren ihr Kind durch einen Unfall und weiterzuleben wird für sie zur bedrückenden Aufgabe. Junge Erwachsene verzagen angesichts der Nachrichten über Krieg und Klimakatastrophe und wollen keine Kinder mehr in diese Welt setzen … Ob es uns gefällt oder nicht: Es gibt schlechte Erfahrungen, denen sich nichts Gutes abgewinnen lässt! Die Tiefe des Leidens führt nicht automatisch zu Höherem, und nicht jeder Schmerz ist ein Wachstumsschmerz. Manchmal trifft einfach zu, was ein kleiner Junge ausrief, der sich die Knie aufgeschlagen hatte: »Scheiße, ist das aua!«

In einem Bild ausgedrückt: Das Leben ist kein großes Puzzle, in dem man die Bruchstücke einfach nur so lange drehen und wenden muss, bis sie ein stimmiges Bild ergeben. Im Puzzlespiel des Lebens bleiben Leerstellen und schmerzhafte Lücken!

Manche Menschen haben das Glück, dass sich in ihrem Leben vieles nahtlos zusammenfügt. Bei anderen hingegen passt es vorne und hinten nicht zusammen. Oder sie erleiden einen Schicksalsschlag, der alles durcheinanderwirbelt. Das Leben ist bisweilen willkürlich und unfair! Daher erweist sich die Einstellung »Alles hat sein Gutes« als ungerecht und anmaßend. Ja, bisweilen drückt sich in ihr eine gnadenlose Siegermentalität aus. Denn wir Menschen haben sehr unterschiedliche Startbedingungen im Leben. Die Kräfte, um Krisen zu bewältigen – etwa im Blick auf seelische und finanzielle Ressourcen oder ein stärkendes Umfeld –, sind äußerst ungleich verteilt. Und es gibt viele strukturelle Probleme und unzumutbare Lebensbedingungen, die nicht nur die Widerstandskraft schwächen, sondern auch Krisen und Traumata auslösen. Die Bewältigung solcher gesellschaftlichen Probleme weitgehend den Betroffenen zu überlassen ist unethisch. Die Illusion, »Alles hat sein Gutes. Und du kannst aus allem (!) noch etwas machen«, entpuppt sich als eine unmenschliche und lebensfeindliche Erwartung. Denn erstens leugnet sie, dass es Negatives gibt, das trotz allem Drehen und Wenden negativ bleibt. Zweitens lässt sie Menschen in ihrer Verzweiflung allein und macht sie mundtot. Und drittens übt sie einen negativen Druck auf diese aus und weckt den quälenden Selbstzweifel: »Alle anderen sind gut drauf, nur ich nicht. Was mache ich bloß falsch?!«

Es braucht Aktiv und Passiv

Wir tun niemandem einen Dienst – weder uns selbst noch anderen –, wenn wir uns mit Vertröstungen wie »Wird schon für etwas gut sein!« über Schweres hinwegschwindeln. Pointiert drückt dies eine Frau aus, die mit 46 Jahren aufgrund einer Krankheit berufsunfähig geworden und vielfach eingeschränkt ist. Sie schreibt: In meiner Situation brauche ich Sätze, »die keinen großen Anspruch an Sinnstiftung in sich tragen. Der

Sinn derzeit ist wohl eher, meinem Körper zuzuhören oder auch: ihn auszuhalten mit den zahlreichen Beschwerden. Einfach nur diese Lebensphase auszuhalten und durchzustehen.«

Aushalten, ertragen und *durchstehen* sind aus meiner Sicht Stichworte, die es in Erinnerung zu rufen gilt! Denn sie weiten die gängige Vorstellung von einem resilienten Umgang mit Krisen. Spätestens seit Beginn der Coronapandemie wissen alle, was *Resilienz* meint: nämlich die Fähigkeit, erfolgreich mit belastenden Lebenssituationen umzugehen und sich in Krisen als widerstandsfähig zu erweisen. Der primäre Fokus liegt auf der Fähigkeit, ein negatives Ereignis *aktiv* zu überwinden, indem man innere und äußere Kräfte ankurbelt. Zu diesen Faktoren gehören zum Beispiel eine optimistische Grundhaltung, eine positive Zukunftsplanung sowie der Ausstieg aus der Opferrolle, indem ich mich von Passivität und dem Gefühl der Hilflosigkeit befreie und selbstbewusst agiere.

All das ist zweifelsohne wichtig und richtig! Aber was ist mit Personen, die in der Krise keine Selbstwirksamkeit mehr erfahren, sondern nur noch Ohnmacht empfinden? Denen die Ressourcen ausgehen und die am Ende ihrer Kräfte sind?

Ich bin überzeugt: Es braucht ein Resilienzkonzept, das mehr beinhaltet als aktive Krisenresistenz! Unverheilte Wunden und Ohnmachtserfahrungen gehören zum Leben unausweichlich dazu. Daher kann es nicht nur darum gehen, diesen Zustand möglichst zu minimieren, sondern es muss auch darum gehen, die Erfahrungen von Bedürftigkeit und Ohnmacht in das eigene Leben und Selbstbild zu *integrieren*. Aus diesem Grund sollten neben den aktiven Faktoren in die Vorstellung von Resilienz zugleich auch *passive* Kräfte und Haltungen einbezogen werden. Denn wir Menschen brauchen nicht nur Strategien, um Krisen kraftvoll zu widerstehen, sondern ebenso auch die Fähigkeit, Angst und Ohnmacht auszuhalten, Krisen zu ertragen und Unabänderliches zu erdulden.

Was kann uns helfen, Ohnmacht und Angst zu bestehen, ohne diese Gefühle kleinzureden oder gar totzuschweigen? Und was kann helfen, sie in unser Leben zu integrieren?

2. Zu klagen wagen

Ein vierjähriges Mädchen rennt ans Meer und schreit mit ganzer Kraft: »*Ich hasse dich, Meer, denn du hast mir meine Mama weggenommen!*« Diese erschütternde Szene ereignete sich 2004, wenige Tage nach dem Tsunami in Sri Lanka. In ihr verdichtet sich, was wir Menschen immer wieder erfahren müssen: Dass eine übermächtige Natur oder heimtückische Krankheit unser Leben bedroht und vernichtet. Dass ungerechte Gesellschaftsstrukturen zur Unterdrückung führen, Kriege unendliches Leid mit sich bringen oder uns ein anderer Mensch bis über die Schmerzgrenze hinaus demütigt und verletzt. Im Aufschrei des Mädchens wird die Aussichtslosigkeit hörbar, die sich ohnmächtig gegen dieses »Meer« von Leid stemmt. Zugleich werden aber auch die Kraft und Würde vernehmbar, die sich in der menschlichen Klage ihren Ausdruck verschaffen!

In der Klage überwinden wir die Sprachlosigkeit, zu der uns das Leiden verurteilen kann. Wir durchbrechen das lähmende Schweigen und die stumme Bestürzung. Wir schreien unser Entsetzen heraus. Das Rettende darin: Indem wir unsere Not klagend beim Namen nennen, gewinnen wir einen, wenn vielleicht auch nur minimalen Abstand zum Erlittenen. Wir finden ein Stück Distanz zu unserem unmittelbaren Erleben – und dadurch werden neue Erfahrungen möglich. Ganz in diesem Sinn betont die Dichterin und Theologin Dorothee Sölle: »Es ist notwendig, dass Menschen zum Sprechen kommen, um nicht vom Unglück zerstört oder von der Apathie verschluckt zu werden.«[13]

Schwarzbrot statt Zuckerguss
Die weltgeschichtlich vermutlich bedeutendste Klageliteratur findet sich in der jüdisch-christlichen Bibel – etwa im Buch Hiob, in den Klageliedern und den Psalmen. Die Psalmen, das Gebetbuch der Bibel, bringen eine Fülle von individuellen und kollektiven Klagen zum Ausdruck: Politische Verfolgung und Rechtlosigkeit, Krankheit und Einsamkeit, Ausweglosigkeit und ungerechte Armut, Gottverlassenheit und Todesnot. Das Leid wird weder beschönigt noch wird es relativiert oder gar (weg-)erklärt. Ebenso wenig wird es stillschweigend akzeptiert. Vielmehr wendet sich die betende Person, die in ihrem Schmerz unterzugehen droht, Gott zu und klagt eine Antwort ein: »Warum?« »Wie lange noch?!«

Diese biblische Tradition ist Lichtjahre entfernt von manchen Überzeugungen, die sich derzeit großer Beliebtheit erfreuen. So etwa, wenn man etwas unbedarft vom *Karma* eines Menschen redet: Das Unglück, das einer Person zustößt, sei die Folge ihrer vergangenen Taten. Damit einher geht der Glaube, dass man sich durch ein anständiges Leben vor einem schlimmen Schicksal schützen könne. So einfach ist das also: Glück als Belohnung und Leid als Strafe bzw. als Chance, um sich aus der Tiefe in neue Höhen vorzuarbeiten. Doch solche Deutungen können schnell zynisch werden, denn es gibt Tragisches in der Welt und die Rechnung des Lebens geht nie glatt auf. Immer bleibt ein ungelöster und ungerechter Rest.

Ein Weiteres: Solche Aussagen können in einen ethikfreien Raum führen und zu einer unpolitischen Haltung verleiten. Man kann sich nämlich ganz entspannt zurücklehnen und die Hände in den Schoß legen, denn: Warum sollte ich gegen Unrecht aufstehen und die Not anderer lindern, wenn deren Karma ihnen genau diese Erfahrungen bestimmt hat?!

Ganz anders die biblische Spiritualität: Sie leitet nicht an, das »Schicksal« als von Gott verfügt geduldig anzunehmen und zu ertragen. Vielmehr lehnen sich die Betenden in den Psalmen um des Lebens willen auf: Sie schreien an gegen feindliche Mächte, die Leben rauben, und nennen dabei Ross und Reiter. Sie sprechen nicht abstrakt von »Ungerechtigkeit« oder »Krieg«, sondern von »den Ungerechten« oder »den Kriegstreibern«, deren Tun enden soll. Und sie klagen Gottes rettendes Handeln ein. Ihr Notschrei ist ein Ruf nach Gott – selbst dann, wenn alles gegen Gott spricht. In ihrer Klage und Anklage, in ihrem Zorn und Trotz fordern sie von Gott ein, was er versprochen hat: dass er den Menschen zur Seite steht.

Beispielhaft dafür steht die biblische Figur des *Hiob*. Hiob verliert alles: Familie und Gesundheit, Besitz und Gottesgewissheit. Im Gespräch mit seinen Freunden verwirft er deren klassische Antworten auf die Frage nach dem Sinn des Leidens wie etwa: Das Leid sei eine Strafe, eine Prüfung oder Bewährungsprobe. Er fügt sich nicht demütig in sein Schicksal, sondern rebelliert.

Wie zur Zeit des Hiob schreien auch heute zahlreiche Menschen: »Gott, wo bist du? Erweise dich als Gott!« In ihrer Klage oder Auflehnung hoffen sie auf Rettung.

Im Leben des evangelischen Theologen Dietrich Bonhoeffer leuchtet eine solche Hoffnung auf. Angesichts von Bombenhagel und seiner drohenden eigenen Hinrichtung durch die Nazis dichtet er in der Haft: »Von guten Mächten wunderbar geborgen«, und schickt diese Zeilen am 19. Dezember 1944 an seine Verlobte Maria von Wedemeyer. Der Text ist keine spirituelle Überhöhung seiner eigenen Lage, sondern vor allem wohl eine Bitte um Gott selbst: Zeige dich als jene Liebe, die uns auch in bitterem Leid noch eine letzte Geborgenheit schenken kann.

Von guten Mächten treu und still umgeben
behütet und getröstet wunderbar, –
so will ich diese Tage mit euch leben
und mit euch gehen in ein neues Jahr.

Noch will das alte unsre Herzen quälen,
noch drückt uns böser Tage schwere Last.
Ach Herr, gib unsern aufgeschreckten Seelen
das Heil, für das Du uns geschaffen hast.

Und reichst Du uns den schweren Kelch, den bittern,
des Leids, gefüllt bis an den höchsten Rand,
so nehmen wir ihn dankbar ohne Zittern
aus Deiner guten und geliebten Hand.

Doch willst Du uns noch einmal Freude schenken
an dieser Welt und ihrer Sonne Glanz,
dann woll'n wir des Vergangenen gedenken,
und dann gehört Dir unser Leben ganz.

Laß warm und hell die Kerzen heute flammen
die Du in unsre Dunkelheit gebracht,
führ, wenn es sein kann, wieder uns zusammen!
Wir wissen es, Dein Licht scheint in der Nacht.

Wenn sich die Stille nun tief um uns breitet,
so laß uns hören jenen vollen Klang
der Welt, die unsichtbar sich um uns weitet,
all Deiner Kinder hohen Lobgesang.

Von guten Mächten wunderbar geborgen
erwarten wir getrost, was kommen mag.
Gott ist bei uns am Abend und am Morgen,
und ganz gewiß an jedem neuen Tag.[14]

3. Ganz bei Trost

Der Tod seiner ersten Frau, Dorothee Sölle, habe bei ihm eine tiefe Wunde hinterlassen, schreibt Fulbert Steffensky. Nicht getröstet habe ihn, wenn jemand versuchte, seinen Schmerz zu mindern mit Ermunterungen wie, das Leben gehe doch weiter. »Das Leben ging eben nicht weiter, den Schmerz darüber konnte mir niemand ausreden, auch nicht mit einem religiösen Satz.«[15] Vielmehr galt es, vorläufig mit dem einen Gedanken zu leben: »Dein Lebensglück ist gestorben!« Seinen tiefsten Trost fand Steffensky in regelmäßigen Besuchen von seinen Freunden und Freundinnen, Kindern und Enkeln, die seinen Schmerz ehrten: »Sie haben keine tröstenden Worte gefunden, sie waren da, und sie haben sich von meinem Unglück nicht vertreiben lassen. Das Unglück vertreibt ja oft die Freunde, und trostlos macht einen nicht nur, was man erlitten hat. Trostlos macht uns die Einsamkeit, weil Menschen in der eigenen Selbstverständlichkeit des Lebens so wenig die Weltuntergänge der anderen ertragen. Meine Freunde sind geblieben, sie haben mir den Schmerz gelassen. Die Trauer wurde nicht gemildert, aber geteilt.«[16] Weiter schreibt Steffensky: Er habe gelernt, sich selbst einzugestehen, dass er mit sich alleine nicht fertigwerde. Dass er angewiesen sei. Und seine Freunde hätten gelernt auszuhalten, dass er bedürftig sei. »Einen Menschen trösten heißt, ihn bedürftig sein zu lassen; ihn weinen zu lassen.«[17]

Der falsche Trost: Eine schlechte Ent-sorgung
Das Wort *Trost* hat keine gute Presse, weil es allzu oft mit einem flachen Vertrösten verwechselt wird. Da gibt es etwa rückblickende Sprüche wie: »Das hätte ja alles noch viel schlechter ausgehen können«, »Ist doch nicht so schlimm«. Oder pauschale Zukunftsvertröstungen wie: »Keine Angst, das wird schon wieder«, »Das Leben geht weiter«, »Du wirst schon sehen, in allem

steckt was Gutes!«. Bei den kleinen Niederlagen und Verlusterfahrungen des Lebens mögen solche Aufmunterungen vielleicht hilfreich sein. Aber angesichts tiefer Leiderfahrungen taugen sie nicht!

Natürlich, wenn eine uns nahestehende Person leidet, wollen wir, dass es ihr möglichst schnell wieder besser geht. Und so liegt die Versuchung nahe, dass man gut gemeinte Ratschläge gibt und beschwichtigend über Schmerzliches hinweghuscht. Doch solche Vertröstungen bieten keine Hilfe, denn sie bagatellisieren den Schmerz. Kein Wunder, dass Betroffene solche billigen Trostversuche als verletzend empfinden, denn ihre Trauer und Klage werden nicht ernst genommen. Statt einer solch verbalen Ent-sorgung erleben sie es hingegen als stärkend, wenn sie in ihrer Not menschliche Nähe erfahren. Oder wie Steffensky schreibt: »Der Trost der Freunde war ihre Anwesenheit.«

Eine Arznei auf menschlicher Basis
Einen Hinweis, was echter Trost ist, gibt das lateinische Wort für »trösten« – *con-solari* – bedeutet wörtlich »mit dem zusammen sein, der alleine ist«; der sich in seinem Verlust und Schmerz isoliert fühlt. Beim *consolari* ist also in erster Linie unser Sein gefragt – unser Da-Sein bei der Person, die leidet; die sich einsam und verlassen fühlt. Ihr nahe sein in der Dunkelheit des Verlusts, ihre Klage aushalten und mit ihr den Blick in den Abgrund der Trauer wagen. Trösten heißt die Trauer nicht abmildern, sondern teilen.

Doch wie kann eine solche Präsenz anderen oder auch uns selbst zum Trost werden? – Ist uns in Notzeiten jemand in dieser Weise nahe, dann eröffnet er einen bergenden Raum, in welchem wir uns unserer Trostlosigkeit stellen können. In diesem Schutzraum kann sich zeigen, was ist und was in uns lebt: Not und Klage, Sinnlosigkeit und Verzweiflung, Ohnmacht und Angst, Wut und Enttäuschung ... Und erst dann kann sich etwas verwandeln! Denn darin liegt, wie bereits ausgeführt, ein seelisches Grundgesetz: Was ist, das ist. Was ist, darf sein. Was sein darf, kann sich verwandeln.

Anders gesagt: Ist jemand bei mir, um mich zu trösten, dann ermutigt mich das, mich meiner Realität zu stellen. Ich kann den erlittenen Verlust spüren, ihn beklagen und betrauern. Trost als eine »Geborgenheit im Schlechten« (Peter Strasser) kann mich darin stärken, dass ich mich Schritt für Schritt ins Unvermeidliche füge, Unlösbares aushalte und in schmerzhafte Abschiede einwillige. Auf diese Weise wächst mir die Fähigkeit zu, neu anzufangen, wo alles zu Ende und verloren schien. Der Trost wirkt auch ohne Happy End: Er verwandelt nicht die Welt, sondern mich selbst. Ich werde zuversichtlicher und gefügiger, mich in die neue Realität voranzutasten.

Es zeigt sich: Trost ist ein Beziehungsgeschehen. Er meint »nicht Wohlergehen nach der Trauer, sondern Beistand in der Trauer. Trost ist eines der mütterlichsten Wörter, die wir in unserer Sprache haben« (Fulbert Steffensky). Hier wird der Mensch dem Menschen zur Medizin.

Trösten und Getröstet-Werden: Eine hohe Kunst
Trost suchen heißt, sich einzugestehen: »Ich schaffe es nicht allein. Ich brauche Hilfe, bin angewiesen auf dich.« Auch hier stoßen wir erneut auf das Gefühl von Ohnmacht. Auf das Erleben: »Ich habe keine Macht – nicht über das, was mir widerfahren ist, und auch nicht über meine eigenen Gefühle. Und erst recht nicht über meine Endlichkeit.«

Kann ich meine eigene Ohnmacht aushalten? Will ich mir zugestehen, dass ich bedürftig bin? Und bin ich fähig, mich anderen in meiner Trostlosigkeit zu zeigen und zuzumuten? – In einer Gesellschaft, die Autonomie und Unabhängigkeit beschwört, ist dies weder selbstverständlich noch einfach.

Die Zeit nach dem Tod seiner Frau lehrte Steffensky die Kunst, »sich selbst als endliches Wesen zu begreifen«. Und das ist ganz schön *schwer!* Aber es ist eben auch *schön!* Denn in dem Maß, in dem ich meine eigene Endlichkeit annehme, werde ich freier von einem überzogenen und angestrengt-verbissenen Autonomiestreben. Und in dem Maß, in dem ich aufhöre, allein auf mich selbst zu bauen, kann ich Verbundenheit und Nähe erfahren. Kann sich das Glück einstellen, das in der Erfahrung liegt: »Es gibt mich, weil Augen mich ansehen, mich auffangen« (nach Hilde Domin).

Doch nicht nur Sich-trösten-Lassen will gelernt sein, sondern ebenso das Trösten. Trostspenden ist nichts für Süßholzraspler und auch nichts für Ängstliche. Denn wahrhaft trösten meint, dass ich einer Person nahe bin in ihrer Not. Es bedeutet, dass ich ihre »Weltuntergänge« ertrage, ohne ihren Schmerz zu beschwichtigen. Sie weinen lasse, ohne sie zu vertrösten. Ihre Ohnmacht und Klage aushalte und ihrem *Warum* standhalte, ohne in schnelle Deutungen zu fliehen. Ein solcher Trost ist kein billiger Trost. Im Gegenteil: Er kostet uns etwas!

Stehen wir in dieser Art und Weise jemandem bei, dann begegnen wir auch unserer eigenen Ratlosigkeit und Ohnmacht. Und ist einem geliebten Menschen nicht mehr zu helfen, dann fühlt sich unsere Hilflosigkeit schier unerträglich an! Das habe ich oft genug erlebt – und ich bin davon überzeugt: In dem Maß, in dem wir unserer eigenen Ohnmacht begegnet sind und sie zumindest ansatzweise annehmen, können wir echten Trost spenden.

Checke dich selbst!

Was Getröstet-Werden und was Trost-Schenken bedeutet, kennen wohl die meisten aus ihrer Lebensgeschichte. Im Folgenden können Sie eine zweifache Selbstbefragung machen.

Führen Sie sich eine Situation vor Augen, in der eine Ihnen nahestehende Person von Leid heimgesucht (worden) ist.

- Welche Gefühle meldeten sich in Ihnen zu Wort (Unsicherheit, Angst, Mitleid, Schmerz, Genervtheit, Ungeduld, Hilflosigkeit …)? Was spürten Sie körperlich? Und welche Handlungsimpulse stiegen auf?
- Was entdecken Sie im Blick auf Ihr Verhalten: wegschauen, sich nicht mehr melden, reden wie ein Wasserfall, beschwichtigen und vertrösten? Ratschläge geben, zuhören, Nähe schenken, die Dunkelheit mit dem anderen aushalten …?
- Wenn Sie jemandem trostvoll nahe sein konnten: Wie sah das aus? Was hat Sie dazu befähigt? Und gab es einen hilfreichen Rahmen, der dieses Beisammensein unterstützt hat?

Wenn Ihnen selbst Schweres widerfahren ist und Sie Ihre Gebrochenheit spüren:

- Wie wünschen Sie sich, dass andere Menschen Ihnen begegnen?
- Was erleben Sie in Begegnungen als stärkend und tröstend?
- Was braucht es, dass Sie sich jemandem in Ihrer Not und Verzweiflung zeigen können? Und was wehrt sich in Ihnen dagegen, sich bedürftig zu zeigen?
- Gibt es ein, zwei Personen, an die Sie sich wenden können, wenn Kummer Ihnen das Herz schwer macht? Vielleicht auch Verstorbene, die Ihnen im Herzen nahe sind?

Wider die Trostlosigkeit

Wenn Menschen tief verletzt wurden, so spüren sie oft den Impuls, sich zurückzuziehen. Gefühle dürfen nicht gespürt, geschweige denn gezeigt werden. Nach außen hin tut man so, als sei nichts geschehen.

Im Normalfall gilt, dass eine solche vorgetäuschte Stärke und Unabhängigkeit auf Dauer brüchig wird. Denn wenn einem der Boden unter den Füßen weggezogen wird, gerät man aus dem inneren Gleichgewicht und die seelische Balance wird zu einer Gratwanderung. Ähnlich wie ein Seil im Gebirge Sicherheit bietet, so geben vertrauensvolle Begegnungen in ausgesetzten Lebenslagen einen Halt. Ja, es kann Not-wendend sein, dass man sich einer Person anvertraut, der man sich mit seinem Schmerz offen und ungeschminkt zeigt. Eine solche Person sollte gut zuhören und sich in andere einfühlen können. Man kann sie im Freundes- oder Familienkreis suchen; bisweilen legt sich auch eine professionelle spirituelle oder therapeutische Begleitung nahe.

Und wenn jemand bei Ihnen Trost sucht …?
Hier eine unfertige Liste:
- Dem unbeholfenen oder vorsätzlichen Wegschauen widerstehen
- Flache Vertröstungen und oberflächliche Ratschläge meiden
- So gut es geht Nähe zeigen
- Die drei Z: Zeit haben, Zuwendung schenken, zuhören
- Schmerz und Trostlosigkeit der anderen Person aushalten
- Ermutigen, Leid und Groll, Ohnmacht und Klage auszudrücken
- Gespräche führen, in denen auch Sinnfragen besprochen werden – und aushalten, wenn die Antworten sich als vorläufig herausstellen

- Die andere Person unterstützen, den Verlust anzunehmen – etwa durch Fragen, die eine neue Perspektive eröffnen
- Und natürlich: trostvoll und stärkend nahe sein durch eine Geste, eine Umarmung, das Kochen des Lieblingsgerichtes, konkrete Hilfestellungen …
- …

4. Zwischen Schlaftee und Energydrink

Es gibt viele falsche Vertröstungen wie etwa Alkohol, Drogen oder Flucht in den Medienrausch. Oft wurde und wird auch die Religion verdächtigt, dass sie Menschen billig vertröste. Laut der klassischen Religionskritik habe der Mensch die trostvolle Geschichte vom »lieben Gott« erfunden, um Not und Elend besser zu ertragen. Wer im irdischen Jammertal zu kurz komme, brauche sich nicht zu grämen. Denn nach dem Tod warte ja zum Ausgleich ein üppiges Paradies, das für alle ertragenen Mühen entlohnen würde. Und der Glaube an ein Weiterleben nach dem Tod mache Unglück und Ungerechtigkeit erträglicher, denn schließlich wache ein »himmlischer Rechnungshof« darüber, dass am Ende alle quitt seien. Die Kritik mündet in den Vorwurf: Religion sei das »Opium des Volkes« (Karl Marx), das die ausgebeuteten Klassen ruhigstelle und die notwendige Revolution verhindere.

Ein merk-würdiger Name
Für jedes Genussmittel gilt, dass es nicht nur in einem guten Sinn genutzt, sondern auch missbraucht werden kann. Ähnlich können auch Religion und Spiritualität missbraucht werden, um die Menschen mit dem Traum von einer anderen Welt einzulullen. Doch biblisch wird die Anwendung von Religion als Beruhigungspille scharf verurteilt, da dies weder Mensch noch

Gott gerecht wird. Denn der biblische Gott wartet nicht in einer besseren Zukunft auf den geplagten Erdenbürger, sondern er ist hier und jetzt gegenwärtig und will Menschen dazu befähigen, an einer besseren Welt (dem sogenannten Reich Gottes) mitzuarbeiten. Der Name dieses Gottes lautet »Ich bin da, wo du bist« (Exodus 3,14 in der Übersetzung von Martin Buber) und lässt sich auch ausdrücken mit: »Ich bin *Ich-bin-für-dich-da*«.

Wofür steht dieser Name, der so merkwürdig ungreifbar ist? Dieser Name kommt einem Versprechen gleich: Ich bin mit euch und für euch – jetzt und auch in Zukunft ... Mose erfährt diesen Gottesnamen nicht, um philosophische Spekulationen über »Sein und Zeit« anzustellen, sondern um ganz konkret das Volk Israel aus einer brutalen Unterdrückung zu befreien (vgl. Exodus 3,1–10).

Der Gottesname eröffnet zugleich auch einen Zugang zu dem, was aus biblischer Sicht »Trost« bedeutet: Der Name »Ich bin da, wo du bist« ermutigt sowohl zu *tatkräftiger Hoffnung* als auch zum *Vertrauen auf Gottes rettende Gegenwart*. Gott erweist sich gerade dadurch als Gott, dass er sein Volk nicht allein lässt, sondern sich als gegenwärtig erweist. Und das bedeutet auch, dass dieser Glaube nicht auf eine virtuelle, jenseitige Zukunft vertröstet, sondern auffordert, hier und heute Leid zu mindern und die Lebensbedingungen insbesondere von bedrängten Menschen zu verbessern.

»Behütet und getröstet wunderbar« (Dietrich Bonhoeffer)
Geht leidenden Menschen die behutsame und doch so wirksame göttliche Nähe auf, dann kann dies für sie in dunkler Nacht zum Lichtblick werden. Zu einer Wende mitten im Krisengeschehen. Nicht immer bedeutet diese Wende, dass sich die äußere Situation verändert und Ohnmacht und Schmerz ein Ende finden. Wohl aber werden Ohnmacht und Leid

grundlegend anders erlebt: Wo Gottes Gegenwart am Grunde des Herzens ertastet wird, kann sich die Krise wenden von »*allein in der Krise*« zu »*getragen in der Krise*«. Ein verzweifeltes Gefühl der Ohnmacht kann sich wandeln zu einem Vertrauen, noch in den Abgründen wie von wunderbarer Hand gehalten zu sein. Und diese Erfahrung weckt Freude, Hoffnung und Geduld trotz und in der Krise.

In diese Richtung weisen auch die Worte aus der Bergpredigt Jesu. Er nennt Menschen glücklich, die jetzt weinen: »Selig die Trauernden, denn sie werden getröstet werden« (Matthäus 5,4). Hier ist keine billige Vertröstung auf ein Jenseits gemeint. Vielmehr ist die Passivformulierung eine typische biblische Weise, den göttlichen Namen aus Ehrfurcht zu vermeiden und Gottes Wirken diskret zu umschreiben. Es wird also angedeutet: Gott selbst ist der Trost der Trauernden. Und das Versprechen seiner Nähe gilt insbesondere jenen Menschen, die in ihrer Not und Ohnmacht an eine Grenze kommen.

Das kann sich beispielsweise so anfühlen: Ich bin mit meiner begrenzten Kraft am Ende und auch alle menschlichen Worte und Gesten greifen zu kurz. Doch manchmal spüre ich eine andere, tragende Dimension. Eine Wirklichkeit, die sich nicht mehr in Worte fassen lässt.

Con-solari findet hier seine tiefste Bedeutung: Kein Mensch ist allein gelassen. Im Innersten einer jeden Person wohnt noch eine andere Wirklichkeit, welche ihr liebend nahe ist. Manchmal erahnen Menschen diesen tragenden Grund, wenn sie im Wanken noch Boden unter den Füßen spüren oder im Fallen eine haltende Hand. Der Apostel Paulus drückt diese Erfahrung in einem Brief mit den Worten aus: »Diesen Schatz tragen wir in zerbrechlichen Gefäßen; so wird deutlich, dass das Übermaß der Kraft von Gott und nicht von uns kommt. Von allen Seiten werden wir in die Enge getrieben und finden doch noch Raum; wir wissen weder aus noch ein und verzweifeln dennoch nicht; wir werden gehetzt und sind doch nicht verlassen; wir werden niedergestreckt und doch nicht vernichtet« (2. Korintherbrief 4,7–9).[18]

Trost, der weiter reicht
Von Gott aufgerichtet, können und sollen auch Menschen einander aufrichten, indem sie das Leiden anderer sensibel wahrnehmen, mittragen und lindern. An diesem Punkt zeigt sich, ob Menschen Spiritualität nur als persönliches Wellnessprogramm suchen, das ihren Selbstaufbau stärkt und sie in einer kalten Welt fitter macht. Oder ob Spiritualität über die persönliche Erfüllung hinausreicht und zum solidarischen Einsatz auffordert und befähigt. Christliche Spiritualität bleibt nicht stehen beim eigenen Ich, sondern öffnet die Augen für die Tränen anderer. Zugleich erwächst aus dieser Sensibilität für die Not anderer der Impuls, Situationen zu verändern, die Menschen ohnmächtig und hilflos machen. Die Bibel wird nicht müde zu betonen: Krieg, Unterdrückung und Ausbeutung sollen um Gottes und der Menschen willen nicht sein. Diese Welt soll kein Tränental sein – und dafür Sorge zu tragen ist Aufgabe von jeder und jedem Einzelnen.

Zu guter Letzt reicht christlicher Trost noch weiter, denn er streckt sich aus auf eine Zukunft, in der auch die ungetröstet Gestorbenen und Vergessenen einen Platz finden. Aus der christlichen Botschaft von der Auferstehung erwächst die Hoffnung, dass keine Träne umsonst vergossen wurde. Das Leid, das in diesem Leben nicht mehr überwunden werden kann, wird am Ende der Zeit überwunden sein. Diese Perspektive kann Menschen, die von aussichtslosem Leid niedergedrückt werden, einen Lichtblick geben. Einen Hoffnungsstrahl, der hilft, sich der ängstigenden Dunkelheit zu stellen, und der einen neuen Morgen verspricht.

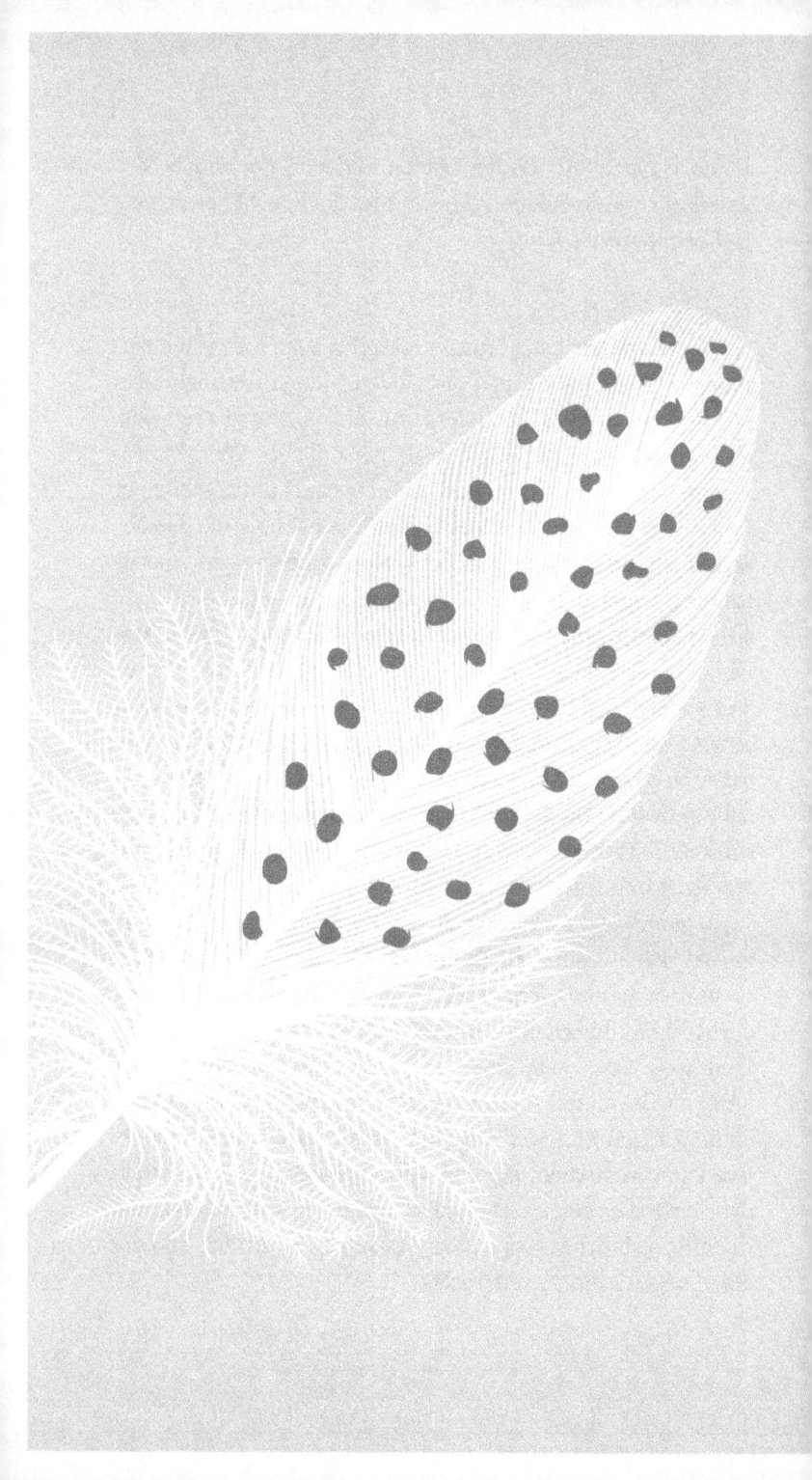

II.
ENTDECKE DIE KRAFT, DIE IN DIR WOHNT

Es gibt eine gute und eine schlechte Nachricht. Die schlechte Nachricht: Ohnmachtserfahrungen gehören unausweichlich zu unserem Leben. Die gute Nachricht: Wir sind diesem Erleben nicht hilflos ausgeliefert, sondern können auf sieben Urkräfte bauen, die uns in der Not tragen und positive Energie freisetzen. Die sieben sinnstiftenden Haltungen sind: Dankbarkeit, Freude, Vertrauen, Verzeihen, Zuversicht, tatkräftiges Hoffen und Innehalten.

Diese Haltungen sind zentrale Ressourcen des Lebens und unendlich viel wichtiger als z. B. mehr Geld, Erfolg oder Likes. Sie stärken unser Gefühl für das Mögliche und hegen so die Gefühle von Ohnmacht und Hilflosigkeit ein. Sie geben uns die Kraft, uns auf neue Weise mit unserem Hiersein zu versöhnen, indem wir uns dafür öffnen, wer wir sind und was das Leben uns zuruft.

Das Gute ist: Alle Menschen sind – wenn auch in unterschiedlichem Maße – zu Dankbarkeit und Freude, zu Vertrauen, Verzeihen und Zuversicht, zum tatkräftigen Hoffen und Innehalten fähig! Alle können diese Energien entdecken, entfalten und weitergeben. Denn es handelt sich nicht um Eigenschaften, die wir *haben,* sondern um *Haltungen,* die wir uns aneignen können und die unser Verhalten prägen. Es geht also um eine bestimmte Lebenskultur, um die wir uns aktiv mühen können.

Die sieben Haltungen lassen sich nicht immer klar voneinander abgrenzen. Sie sind eng miteinander verwoben und bilden gemeinsam das Trapez des Lebens, das uns auch dann noch tragen kann, wenn alle Stricke reißen.

KAPITEL EINS: ANS DANKEN DENKEN

Das Wort »Dankbarkeit« ruft bei manchen Menschen ungute Erinnerungen wach. Vielleicht wurde ihnen als Kinder eingebläut, dass man bei Geschenken immer artig »Danke!« sagen muss, selbst wenn diese einem zuwider waren. Etwa die Aufforderung, sich bei der Oma höflich für die gestrickten Socken zu bedanken, obwohl man für diese von den Freundinnen aufgezogen wurde. Doch bei der Haltung der Dankbarkeit geht es nicht um einen höflichen Reflex, sondern um eine Grundhaltung: Gefragt ist eine Aufmerksamkeit für das Gute im Leben, für die kleinen Alltäglichkeiten und die großen Geschenke. Dankbare Menschen erkennen und schätzen, was in ihrem Leben gut ist: ein schmackhaftes Essen; ein unterhaltsames Buch; ein taufrischer Morgen; ein Mensch, den sie lieben; die Kraft ihres Körpers, ihre Talente ... – all die Gaben, die ihnen geschenkt worden sind. Und darin liegt ein wesentliches Element von Dankbarkeit: Dass man etwas als nicht selbstverständlich erlebt, sondern als ein Geschenk. Dass einem etwas gegeben ist – einfach so, gratis.

Vielleicht mögen Sie kurz innehalten und auf die vergangenen 24 Stunden zurückschauen:

Wahrnehmen: Führen Sie sich etwas vor Augen, was Sie gefreut hat. Es kann auch etwas ganz Unscheinbares sein ... Einfach etwas, von dem Sie denken: »Schön, dass ich das erlebt habe. Schön, dass dies geschehen ist!«

Genießen: Erleben Sie, vielleicht mit geschlossenen Augen, diesen Moment nach: die Töne und Farben, Gerüche und Körperempfindungen, Gefühle und Gedanken.

Danken: Wer oder was hat zu diesem Augenblick beigetragen? Wenn jemand oder etwas anderes dazu beigetragen hat, dann denken Sie an die Person oder Sache und wie Sie Ihren Dank ausdrücken würden.

Abschließend können Sie Ihre *Aufmerksamkeit nach innen* lenken und sich fragen: Wie fühle ich mich jetzt?

1. Wie Dank und Glück zusammenspielen

Möglicherweise hat diese kleine Übung Sie ein wenig froher und lebendiger gestimmt. Das wäre nicht verwunderlich, denn es besteht ein vielfach nachgewiesener Zusammenhang zwischen Glück und Dankbarkeit. Da stellt sich natürlich die spannende Frage: Sind Menschen dankbar, *weil* sie glücklich sind? Oder sind sie glücklich, *weil* sie dankbar sind?

Vermutlich kennen wir alle Menschen, denen reichlich gegeben ist, was sie glücklich machen könnte – Besitz und Gesundheit, Familie, Freunde und eine sinnvolle Tätigkeit –, aber sie sind es nicht. Andere hingegen strahlen selbst in schwierigen Lebenslagen Freude aus. Der Unterschied liegt oft im Umgang mit dem, was ist: Betrachte ich es als selbstverständlich, oder sehe ich es als ein Geschenk an? Wenn Letzteres der Fall ist, kann daraus eine tiefe Freude entspringen.

In diese Richtung weist auch die Forschung: Eine dankbare Haltung lässt uns Freude und Wohlergehen empfinden – und nicht umgekehrt. Und sie zeigt auf, dass Dankbarkeit zu jenen Eigenschaften einer Person gehört, die in engster Beziehung zur psychischen Gesundheit stehen: Überdurchschnittlich dankbare Menschen fühlen sich meist glücklicher und vitaler, hoffnungsvoller und zufriedener. Bei einem Medikament mit vergleichbarer Wirkung würde man wahrscheinlich von einem neuen Wundermittel sprechen.

Woran liegt das? – Ein Aspekt: Eine dankbare Haltung macht uns hellsichtig für Gutes und Gelungenes. Sie widersetzt sich der Neigung des Gehirns, sich auf das Negative zu konzentrieren, und mindert die damit verbundene Gefahr, dass wir die lichten Seiten des Alltags aus dem Blick verlieren und nicht gebührend würdigen.

Ein Zweites: Üben wir uns in einer Haltung der Dankbarkeit, dann genießen wir die positiven Erfahrungen intensiver. Sie sinken tiefer in uns ein und können uns seelisch nähren und stärken. Zugleich dämmt Dankbarkeit dunkle Gefühle ein, denn manche Gefühle können wir nicht gleichzeitig empfinden. Oder erinnern Sie sich an Augenblicke, in denen Sie sich gleichzeitig wütend *und* glücklich oder dankbar *und* besorgt gefühlt haben? Gerade in Krisen, in denen belastende Empfindungen ausufern und einen überschwemmen können, ist das von Bedeutung: Jedes Mal, wenn Sie Gelegenheiten entdecken, dankbar zu sein, gewinnen Sie dem Meer der dunklen Gefühle Land ab.

2. Danken verbindet

Danken kommt etymologisch von *denken*. Wenn wir Dankbarkeit spüren, denken wir an die Person, die uns beschenkt hat und es gut mit uns meint. Auf eine froh machende Weise spüren wir Verbundenheit und Nähe.

Dankbarkeit ist eine Emotion, die uns auf andere hin öffnet und uns bestärkt, ihnen unsere Wärme und unser Wohlwollen zu zeigen. Hinzu kommt: Sie nährt Vertrauen, denn sie hilft uns, die Gelegenheiten zu entdecken, bei denen wir aufeinander bauen konnten. Es kommt zu einer Aufwärtsspirale, in der sich Dankbarkeit, Vertrauen und Kooperation gegenseitig verstärken. So fördert und vertieft Dankbarkeit nicht nur unsere

Beziehungen, sondern spielt auch eine wichtige Rolle bei der Entwicklung von Hilfsbereitschaft und kollegialem Verhalten. Denn die Freude über das, was einem an Gutem widerfährt, erhöht die Bereitschaft, selbst Gutes zu tun.

Checke dich selbst!
Dankbarkeit zu empfinden lässt sich lernen. Sie ist eine Kunst, die bei regelmäßigem Üben immer leichter fällt und die einen lehrt, schneller (das) wahrzunehmen, was an Gutem gegeben ist.

Eine Möglichkeit ist die Technik der offenen Sätze. Lesen Sie die folgenden Halbsätze durch und formulieren Sie den Satz spontan zu Ende.[19] Sie können das für sich allein tun, oder indem Sie mit jemand anderem sprechen und dabei abwechselnd zuhören und selbst reden. Es lohnt sich, bei einem Satz länger zu verweilen und so oft anzusetzen, bis Ihnen nichts mehr in den Sinn kommt.

- Zu den Dingen, die ich an meinem Leben liebe, gehört …
- Ein Ort, den ich in Kindheitstagen als märchenhaft erlebt habe, war …
- Zu meinen Lieblingsbeschäftigungen zählt …
- Eine Person, die mir geholfen hat, an mich selbst zu glauben und mich zu entfalten, ist …
- Zu den Dingen, die ich an mir schätze, gehört …
- Ich fühle mich wie ein Glückspilz, dass es diese Person in meinem Leben gibt oder gab, denn …
- Eine Erfahrung, die mich bereichert hat, ist …
- Eine Krise, der ich im Rückblick auch etwas Gutes abgewinnen kann, ist …
- Es macht mir Freude, anderen eine Freude zu machen, indem …

3. »I'm singin' in the rain«

Natürlich gibt es Ereignisse, für die wir nicht dankbar sein können! Etwa Mobbing, Betrug oder der Verlust eines geliebten Menschen; oder im Blick auf das Weltgeschehen Gewalttätigkeit, Ausbeutung oder Krieg. Und gehen wir durch Dunkles, dann fällt es schwer, sich auf Lichtes zu besinnen. Aber dennoch gilt: Sie entscheiden jeden Tag selbst darüber, wie Sie die Welt wahrnehmen und worauf Sie sich fokussieren. Es liegt an Ihnen, ob Sie auf Dauer mit Scheuklappen durchs Leben gehen, die nur eine enge Perspektive erlauben. Oder ob Sie den inneren Fokus auf Weitwinkel stellen und entdecken, dass das Leben noch mehr bereithält als Not und Elend. Sie können sich dafür entscheiden, bewusst wahrzunehmen, was Sie – trotz und in all dem Schweren – an Hilfe, an Positivem und Angenehmem erfahren. Und vermutlich wird es für Sie mehr als nur einen Anlass zur Dankbarkeit geben.

Anders gesagt: Bemühen wir uns auch in Krisenzeiten, das Dankenswerte zu entdecken, so öffnet uns dies für eine größere Perspektive, in der sich neben den negativen auch die positiven Aspekte zeigen können. Bisweilen braucht es Geduld und seelische Arbeit, um letztere wahrzunehmen.

Selbst im Blick auf das Schwere, das einem zugemutet wurde, kann Dankbarkeit weiterführen. Natürlich, es gibt vieles, für das niemand dankbar sein kann! Wohl aber lässt sich fragen: Welche Herausforderung steckt in meiner schwierigen Situation? Vielleicht wird sie zur Gelegenheit, um etwas Neues zu wagen oder Mitgefühl zu lernen? Oder sie ist eine Gelegenheit, um zu protestieren, sich zu engagieren und bei Demonstrationen mitzugehen? – Wenn Sie Fragen auf diese Weise formulieren, weckt dies eine schöpferische Kraft in Ihnen. Denn die Frage nach dem *Wozu* richtet den Blick nach vorne und kann einen Lösungen oder Sinnmomente entdecken lassen.

Hier kommt erneut der Perspektivenwechsel zur Sprache: weg von der rückwärtsgewandten Frage nach dem *Warum* hin zur Frage nach dem *Wozu*. Durch diesen Haltungswechsel betrachten wir die belastende Situation in einem neuen Licht, und dies kann Dankbarkeit wachrufen und unsere Zuversicht stärken.

Ein Text, der zu einem solchen Perspektivenwechsel anregt, wird – vermutlich zu Unrecht – vielfach Paulo Coelho zugeschrieben:

Ich danke allen, die meine Träume belächelt haben.
Sie haben meine Fantasie beflügelt.

Ich danke allen, die mich in ihr Schema pressen wollten.
Sie haben mich den Wert der Freiheit gelehrt.

Ich danke allen, die mich belogen haben.
Sie haben mir die Kraft der Wahrheit gezeigt.

Ich danke allen, die nicht an mich geglaubt haben.
Sie haben mir zugemutet, Berge zu versetzen.

Ich danke allen, die mich abgeschrieben haben.
Sie haben meinen Mut geweckt.

Ich danke allen, die mich verlassen haben.
Sie haben mir Raum gegeben für Neues.

Ich danke allen, die mich verraten … haben.
Sie haben mich wachsam werden lassen.

Ich danke allen, die mich verletzt haben.
Sie haben mich gelehrt, im Schmerz zu wachsen.

Ich danke allen, die meinen Frieden gestört haben.
Sie haben mich stark gemacht, dafür einzutreten.

Ich danke allen, die mich verwirrt haben.
Sie haben mir meinen Standpunkt klargemacht.

Vor allem danke ich all jenen, die mich lieben, so wie ich bin.
Sie geben mir Kraft zum Leben![20]

Es zeigt sich: Suchen wir in schweren Zeiten nach Positivem und erkennen wir an, was uns an Gutem geschenkt ist, dann stärkt uns dies. Dankbarkeit kann uns »inmitten von« ein Lächeln aufs Gesicht zaubern. Sie macht uns vitaler und schwungvoller – und das wiederum hilft, unser Gleichgewicht zu bewahren, wenn das Gelände unwegsam wird. Dankbarkeit ermöglicht es also, schwierige Situationen in einen größeren Rahmen einzuordnen, und vermehrt unsere seelische Widerstandskraft.

Praxistipp: Buchstäblich danken

Das Dankbarkeitstagebuch ist vielen ein Begriff. Aber oft wird dieser Vorschlag mit einem müden Lächeln abgetan: Dies sei doch viel zu banal, wenn es um die Bewältigung von individuellen oder gesellschaftlichen Krisen gehe. Doch Bewusstseinsveränderung ist alles andere als banal!

Was bedeutet das im Blick auf das Führen eines Dankbarkeitstagebuches?

Durch das Schreiben eines solchen Journals verändern Sie Ihre Sicht auf die Welt. Ihre neue Welt-Anschauung wirkt sich wiederum auf Sie selbst aus. Es entwickelt sich eine positive Rückkopplung von Dankbarkeit, Freude und aktiver Zuversicht.

Ob Sie sich für das Aufschreiben ein besonderes Buch zulegen oder einen schönen Stift – all das ist nicht so wichtig.

Worauf es ankommt: Dass Sie sich Zeit gönnen, um die schönen Augenblicke und Überraschungen eines jeden Tages aufzuschreiben. Und auch das, was Ihnen ganz grundsätzlich im Leben Freude bereitet.

Achten Sie darauf, dass Sie immer wieder nach Neuem Ausschau halten, wofür Sie dankbar sein können. Natürlich, Freunde, Familie und all jene, die Sie lieben, diese Menschen werden bestimmt oft auftauchen – aber lassen Sie den Rückblick nicht zu einer gewohnheitsmäßigen Wiederholung werden im Sinne von »Same procedure as every day«. Und schildern Sie so konkret wie möglich, wofür Sie dankbar sind. Statt beispielsweise zu notieren: »Ich bin dankbar für meinen Hund«, könnten Sie schreiben: »Ich bin dankbar, wie mein Hund mich mit Bellen und Freudensprüngen begrüßt, denn dadurch fühle ich mich willkommen und geliebt!« Auf diese Weise wird Ihre dankbare Erinnerung konkreter und anschaulicher.

4. Dankbrief an – Adresse unbekannt

Das Staunen über die Geburt eines Menschen, die Scheu angesichts der Unendlichkeit des Universums oder das Eintauchen in Bachs Flötenkonzert – solche Momente können ein religiöses Empfinden aufkommen lassen. Andere erleben einen taufrischen Frühlingsmorgen oder den Frieden einer Abendstimmung und spüren eine große Dankbarkeit. Aber wem gegenüber kann man diesen Dank zum Ausdruck bringen? Der blühende Baum oder die untergehende Sonne sind ja noch keine hinreichenden Adressaten. In solchen Augenblicken kann Menschen aufgehen, dass es noch etwas Größeres gibt, dem sich diese Welt verdankt.

Interessant: Viele Menschen, die sich als nicht religiös verstehen, beschreiben Dankbarkeit auch als eine spirituelle Erfahrung. Sie vertrauen auf die Verbundenheit sowohl mit anderen als auch mit einer höheren positiven Kraft, die sie übersteigt. In der jüdisch-christlichen Tradition, in der ich beheimatet bin, drückt sich dieses Vertrauen in der Hoffnung aus, dass sich die ganze Welt einem schöpferischen Geheimnis verdankt. Und dass es gut ist, ein Teil dieser Welt zu sein.

Die meisten Religionen heben den Wert der Dankbarkeit für das tägliche Leben hervor. Und zwar nicht im Sinne eines gelegentlichen Gefühls, sondern im Sinne einer Grundhaltung, die mich dankbar sein lässt für die kostbaren Freundlichkeiten des Alltags. Und die mich staunend macht für das Geschenk des Lebens selbst und für das Wunder, dass es diese Welt und den Kosmos überhaupt gibt. Denn nicht »wie die Welt ist, ist das Mystische, sondern dass sie ist« (Ludwig Wittgenstein).

Die Dankbarkeit, die sich auf das Leben als Ganzes richtet, mündet bei Hans Magnus Enzensberger in eine humorvolle »Astronomische Sonntagspredigt«: Sie ruft in Erinnerung, dass es trotz aller geschichtlichen Abgründe in diesem »Irrenhaus« Erde auf dem Neptun noch »viel ungemütlicher wäre. Amen.«

Eine universale Basiskultur

In vielen religiösen Traditionen finden sich Gebete wie der »Sonnengesang« des Franz von Assisi. Sie lenken die Aufmerksamkeit auf die Schönheit von Welt und Universum.

Der Hymnus des Franziskus gilt als ältestes Zeugnis italienischer Literatur. Franziskus dichtete seinen »Gesang auf die Schöpfung« vermutlich um 1225, als er erblindet und schwer krank seinem Lebensende entgegenging. In dieser – menschlich gesehen – trostlosen Situation besingt er die Schönheit der Schöpfung als Lob Gottes. Dabei fällt auf, dass Franziskus in seinem Lob- und Dankgebet nicht den Akzent auf persönliches Lebensglück oder Besitz legt. Vielmehr hebt er hervor, was uns allen gegeben ist. Darin heißt es:

Herr, sei gelobt durch Schwester Sonne, sie ist der Tag, der leuchtet für und für. Sie ist dein Glanz und Ebenbild, o Herr.
Herr, sei gelobt durch Bruder Feuer, der uns erleuchtet die Dunkelheit und Nacht. Er ist so schön, gar kraftvoll und auch stark.
Herr, sei gelobt durch Mutter Erde, die uns ernährt, erhält und Früchte trägt. Die auch geschmückt durch Blumen und Gesträuch.

Andere Strophen sprechen von Schwester Wasser, die den Durst löscht; vom Mond und den Sternen, die klar und schön leuchten; vom Bruder Wind, von Luft und Wolken. Und schließlich von jenen, die verzeihen, und sogar vom »Bruder Tod, dem kein Mensch ... entrinnen kann«[21]. In all dem romantisiert Franziskus nicht die Natur, sondern schaut tiefer. Und daher kann er nicht nur das Schöne und Bezaubernde der Welt dankbar wahrnehmen, sondern auch ihre Begrenztheit und Zerbrechlichkeit. Diese umfassende Dankbarkeit ist Franziskus möglich, weil er glaubt, dass hinter dem Sichtbaren eine unsichtbare Wirklichkeit wartet. Er glaubt, dass die Welt sich einer göttlichen Liebe verdankt – und dankt ihr.

Ein Lobgesang wie dieser vertieft das intuitive Wissen, dass wir zu einem großen Lebensnetz gehören, in das wir eingebettet sind. Wer mit derart wachen Sinnen durch die Welt geht, feiert Thanksgiving nicht nur an *einem* speziell reservierten Tag im Jahr. Vielmehr wird Dankbarkeit zu einer Lebenshaltung, die Freude freisetzt und das Gefühl der Verbundenheit fördert. Und die dazu motiviert, Sorge für das Wohlergehen dieser Welt zu tragen.

5. Wer dankt, denkt weiter

Aus meiner Sicht kann Dankbarkeit zu einer Brücke werden, die uns hilft, den *Graben zwischen Wissen und Tun* zu überwinden: Seit Jahrzehnten *wissen* wir, dass unser westlicher Lebensstil die Welt an den Abgrund bringt. Aber anstatt etwas zu *tun* und die Richtung zu ändern, rasen wir mit erhöhtem Tempo auf diesen zu. Dankbarkeit kann zu einer Motivationsquelle werden, um substanzielle Veränderungen vorzunehmen und für unsere Welt Sorge zu tragen.

Wie das? – Die Kunst der Dankbarkeit besteht darin, dass wir aufmerksam werden für empfangene Wohltaten. Dass wir das Gute erkennen und würdigen, welches wir bislang vielleicht als selbstverständlich hingenommen oder übersehen haben. Im Normalfall gilt: Entdecken wir, dass uns eine Person überraschend unterstützt oder etwas Gutes getan hat, steigt Wärme in uns auf. Unsere Dankbarkeit ihr gegenüber sowie die Bereitschaft, ihr zu helfen, wachsen. Dasselbe Prinzip kann auch in unserer Beziehung zur Natur zum Tragen kommen: Nämlich dann, wenn wir erkennen, dass wir unser Leben und Wohlergehen nicht allein uns selbst zuzuschreiben haben, sondern uns einem großen Zusammenhang verdanken, in den wir eingebettet sind – und für den wir zugleich Verantwortung tragen.

Praxistipp: Getragen vom Lebensnetz
Wenn Sie das nächste Mal in der Natur sind – vielleicht in einem Park, im Garten oder im Wald –, dann nehmen Sie sich einen Augenblick Zeit. Betrachten Sie einen Baum oder eine Pflanze und führen sich vor Augen: Ohne die Arbeit, die die Pflanzen seit Jahrmillionen verrichten, gäbe es nicht den Sauerstoff, den ich jetzt einatme. Ihr grünes Blattwerk absorbiert das Kohlendioxid und bewahrt unseren Planeten vor einer ge-

fährlichen Überhitzung. Ohne die Pflanzen und ihre Lebensprozesse gäbe es mich und gäbe es uns heute nicht.

Atmen Sie tief durch. Lassen Sie Sauerstoff in Ihre Lunge ein- und Kohlendioxid ausströmen. Genießen Sie diesen Vorgang, der Sie leben lässt. Und fragen Sie sich: Wie würde ich meine Dankbarkeit gerne ausdrücken?

Das bringt Bewegung

Wir kommen aus der Natur und sind ein Teil von ihr. Natur ist nicht nur Umwelt, sondern auch Mitwelt, und unser Wohlergehen gründet auf ihrem Wohlergehen. Geht Menschen diese Verbundenheit auf – und zwar nicht nur intellektuell, sondern auch auf einer tiefen emotionalen Ebene –, kann dies Dankbarkeit in ihnen wecken. Und sie werden sensibler für die tödlichen Wunden, die unserem Planeten zugefügt werden.

Der Mensch ist eingewoben in das große Flechtwerk der Natur, in dem alles mit allem zusammenhängt. Diese Verbundenheit dankbar wahrzunehmen kann dazu beitragen, dass wir unser *Wissen* um ihre Gefährdung *tatsächlich* ins *Handeln* übersetzen.

Hinzu kommt: Es werden zwei Arten unterschieden, wie Menschen zu substanziellen Veränderungen bewegt werden: Einerseits lassen Menschen sich durch Schreckensszenarien zum Handeln motivieren. Sie wollen das Schlimmste verhindern. Andererseits werden sie durch positive Zukunftsbilder angeregt, etwas in Angriff zu nehmen. Die psychologische Forschung zeigt, dass die Anziehung durch positive Visionen insgesamt etwas erfolgreicher ist. Das wundert nicht!

Bisweilen etwa schockieren Umweltaktivist:innen mit fürchterlichen Bildern und Fakten von der leidenden Natur, um die Gesellschaft wachzurütteln und zu Veränderungen zu bewegen. Doch eine solche Katastrophenpädagogik erreicht leicht das Gegenteil: Weil die Bilder und Informationen so schrecklich sind, will man sich vor ihnen schützen. Und so erhöht sich der innere Widerstand, den Tatsachen ins Auge zu sehen. Wer hingegen anziehende Zukunftsbilder vor Augen hat und dankbar über die Schönheit der Natur und ihre Gaben staunt, den kann dies langfristig motivieren, für die Mitwelt Sorge zu tragen.

Klassische Verbündete

Auch die Religionen können für dieses Anliegen zu Verbündeten werden. Denn zu ihrem Markenzeichen gehört das Gespür, dass wir unser Leben nicht uns selbst verdanken, sondern einem umfassenden Zusammenhang.

Die ursprünglichen Religionen sind sogenannte Natur-Religionen. »Natur« kommt von *nasci* – gebären. Die Natur ist die große Gebärende, die universale Mutter, der sich alles verdankt. In vielen Natur-Religionen wird bestimmten Tieren und Pflanzen ein heiliger Respekt entgegengebracht, wodurch diese vor einer unkontrollierten Ausbeutung geschützt sind. Ähnlich sehen sich Menschen in manchen zeitgenössischen spirituellen Strömungen als Teil eines großen Stromes des Gebens und Nehmens, der sich durch die Zeiten hindurch erstreckt: Eingebettet in diesen Strom erhalten wir etwas von der Vergangenheit und können etwas zurück- und weitergeben.

In Hinduismus und Buddhismus schlingt der Gedanke der Wiedergeburt ein Band der Achtung um alles Lebendige. Der Umgang mit Tier und Mensch ist von Ehrfurcht geprägt. Und in Judentum, Christentum und Islam wird die gesamte Welt als »Schöpfung« gedeutet. In der bildlichen Sprache der Bibel wird die Welt zu einem uns anvertrauten Garten, den wir in Gottes Namen zu hüten und zu beackern haben (vgl. Genesis 2,15). Anders gesagt: An Gott glauben und sich für die Bewahrung der Schöpfung zu engagieren sind aus christlicher Sicht zwei Haltungen, die Hand in Hand gehen.

KAPITEL ZWEI: VOR LAUTER FREUDE

»Eigentlich wollten mein Mann und ich eine lang geplante Reise machen, aber darf ich in diesen Zeiten einen solchen Urlaub überhaupt genießen? Oder sollen wir nicht besser zu Hause bleiben?« Dies schrieb mir eine Podcast-Hörerin wenige Tage nach dem Kriegsausbruch in der Ukraine im Februar 2022. Grundsätzlicher ausgedrückt: Ist es nicht ein ungebührlicher Luxus, angesichts der vielen Krisen unserer Welt an die eigene Freude zu denken?!

Mit großem Gewinn habe ich das Lebenszeugnis von Desmond Tutu und des Dalai Lama gelesen. In ihrem gemeinsamen *Buch der Freude* münden ihre Lebenserfahrung und die Weisheit ihrer Weltreligionen in die zentrale Erkenntnis: Nur tief empfundene Freude kann sowohl das Leben des Einzelnen als auch das globale Geschehen spürbar zum Positiven wandeln! Denn sobald Menschen der Freude erlauben, ihr Herz zu weiten, stärken sie ihre Fähigkeit, mit den kleinen und großen Widrigkeiten umzugehen und sich den Nöten dieser Welt zu stellen. Und: Freude gibt dem Leben einfach einen Glanz!

Desmond Tutu und der Dalai Lama werden nicht müde zu betonen: Alle Menschen sind zur Freude fähig. Unabhängig von den Herausforderungen und Krisen, mit denen Menschen täglich konfrontiert werden, können sie diese Energie der Freude entfalten und weitergeben.

1. Freude richtet auf

Stellen Sie sich vor, Sie spielen Theater und sollen eine Person darstellen, die von Freude erfüllt ist. Wie würden Sie Ihre Freude sichtbar machen: Welche Körperhaltungen würden Sie einnehmen? Welche Bewegungen, Gestik und Mimik? Und: Wie fühlen Sie sich innerlich dabei?

Freude wirkt befreiend und lösend. Freuen wir uns, dann richtet sich unser Körper auf. Wir gehen beschwingten Schrittes, nehmen drei Stufen auf einmal und könnten Luftsprünge machen. Unsere Augen beginnen zu strahlen und unser Gesicht hellt sich auf.

Bereits unser Körperausdruck zeigt, dass Freude ein Gegengewicht zu Dunkelheit und Erdenschwere bildet und Anspannung löst. Für einen Augenblick stimmt einfach alles: innen und außen! Ich kann fraglos *Ja* sagen zum Augenblick. Ein Gefühl von Vitalität erfasst mich und stärkt das Vertrauen in mich und ins Leben. Ich spüre, dass ich nicht einfach nur ins Leben geworfen, sondern auch von ihm getragen bin. Die Woge der Freude gleicht einem Dankeschön an das Leben.

Hinzu kommt: Freude ist ein Gefühl, das uns ganz in der Gegenwart ankommen lässt. Denn wenn uns Freude ergreift, genießen wir einfach den Moment. Und das bedeutet: Für einen Augen-Blick verlieren wir die Vergangenheit und Zukunft aus dem Blick. Darin liegt besonders in Krisenzeiten eine Chance: Denn immer dann, wenn uns Freude erfüllt, treten wir aus dem Schatten einer dunklen Vergangenheit oder düster drohenden Zukunft heraus. Das Leben zeigt sich uns in seiner unerwarteten Fülle. Angst vor der Zukunft flacht ab und Vertrauen keimt auf.

Freude macht schlau

Positive und negative Emotionen wirken sich unterschiedlich auf unsere Wahrnehmung, Denkfähigkeit und Handlungskompetenz aus. Dies zeigen zahlreiche Studien, doch vermutlich auch Ihre eigene Lebenserfahrung. Dazu brauchen Sie sich nur zwei unterschiedliche Tage in Erinnerung zu rufen. Der erste beginnt vielleicht damit, dass Sie nach einer unruhigen

Nacht mit dem berühmten linken Bein aufgestanden sind – und dies auch noch 15 Minuten zu spät. Ihre pubertierende Tochter besetzt gefühlt stundenlang das Bad, in der Eile kippt Ihnen die Kaffeetasse um und den Autoschlüssel können Sie auch nicht finden. Hektisch leeren Sie Ihre Handtasche aus, um den Schlüssel irgendwann im Mantel zu entdecken, in den Sie ihn gestern Abend vorsorglich gesteckt hatten. Mit einem leisen Fluch springen Sie ins Auto und … Hier überlasse ich die Schilderung des weiteren Tages Ihrer eigenen Fantasie.

Nun denken Sie an einen Tag, der auf einem positiven Gleis eingespurt gewesen ist: Nach einer unruhigen Nacht stehen Sie auf – und dies 15 Minuten zu spät. Sie denken: »Ach, immerhin habe ich eine Viertelstunde länger ausgeruht.« Ihre Tochter braucht lange im Bad und Sie schmunzeln in sich hinein: Ob sie sich für den Jungen herausputzt, in den sie sich verliebt hat? Sie nutzen die Wartezeit, um in Ruhe Ihren Kaffee zu trinken, und können Ihren Autoschlüssel nicht finden. Als Sie ihn im Mantel entdecken, in den Sie ihn vorausschauend gesteckt hatten, murmeln Sie anerkennend: »Manchmal bin ich schlauer als gedacht!« Sie setzen sich ins Auto und … – Auch hier sei der weitere Tagesverlauf Ihrer Fantasie überlassen: Ihre Kreativität und Leistungskraft am Arbeitsplatz, Ihre Kontakte und Gespräche, der Familienchat und der Feierabend …

Grundsätzlich gilt: Negative Emotionen engen unsere Wahrnehmung ein. Packt einen etwa die Angst, dann kommt es einem so vor, als hätte man nur eine einzige Option, nämlich: »Nur weg hier!« Dieser beschränkte Blick ist aus evolutionärer Sicht sinnvoll. Denn wenn uns ein Tiger bedroht, haben wir keine Zeit, zwischen verschiedenen Alternativen abzuwägen, was wir nun tun wollen. Wir müssen unmittelbar reagieren – oder wir werden zerrissen.

Eindrücklich zeigt die renommierte Sozialpsychologin Barbara Fredrickson, dass im Unterschied dazu positive

Emotionen »unser Herz und unseren Geist öffnen, was uns empfänglicher und kreativer werden lässt«[22]. Denn anders als dunkle Empfindungen verengen positive Emotionen nicht unser Blickfeld, sondern bewirken das Gegenteil: Sie erweitern unseren Horizont.

Empfinden Sie beispielsweise Dankbarkeit oder Freude, dann sind Sie in der Lage, mehr Signale aufzunehmen und zu verarbeiten. Und das unterstützt wiederum Ihre geistige Flexibilität. Sie werden kreativer und Ihre Fähigkeit, Probleme zu lösen, verbessert sich. Positive Emotionen machen Sie offen(er) für neue Erfahrungen und ermöglichen Ihnen, neue Perspektiven zu entdecken und Chancen zu ergreifen. Pointiert gesagt: Freude tut gut und macht klug!

Praxistipp: Durch Gönnen zum Können

»Erst die Arbeit, dann das Vergnügen!« In Krisenzeiten schlägt sich dieses verbreitete Motto in Überzeugungen nieder wie: »Erst muss ich diese Situation lösen, und dann darf ich mir etwas Gutes gönnen!« Ob auch Sie zu diesem Menschentyp gehören? In dem Fall, führen Sie sich die Wirkungen von negativen und positiven Emotionen vor Augen: Es ist (und es macht Sie) viel klüger, wenn Sie sich rechtzeitig etwas Gutes gönnen!

Konkret kann das bedeuten: Wenn Sie eine schlechte Nachricht erhalten haben, die Sie zu reagieren nötigt, Sie aber nicht genau wissen, wie, dann tun Sie sich und der Lösung des Problems einen Gefallen, wenn Sie sich zehn Minuten Zeit nehmen. Machen Sie etwas, das Ihnen guttut. Das kann sein: einen Tee trinken, eine Runde um den Häuserblock gehen, Musik hören, ins Gebet eintauchen …

In ähnlicher Weise gilt: Wenn Sie eine dunkle Zeit durchleben, dann stärkt es Sie und macht Sie im Umgang mit der Krise kreativer, wenn Sie sich regelmäßig etwas gönnen, was Ihr Gemüt aufhellt.

Und nicht zuletzt verleihen positive Emotionen Ihrem Gehirn die Geschmeidigkeit, die es für einen humorvollen Blick braucht. So wie etwa jene Spaziergängerin, der eine Schwalbe ihre weiße Bluse beschmutzt und die erleichtert denkt: Was für ein Glück, dass Kühe nicht fliegen können!

Bitte infizieren!
Haben Sie Freunde eher nötig, wenn es Ihnen gut oder wenn es Ihnen schlecht geht? – Mir scheint, dass diese Frage sich nicht so leicht beantworten lässt, als es auf den ersten Blick den Anschein hat. Natürlich hoffen wir in Krisenzeiten auf Freunde, denen wir unsere Not anvertrauen können und die ein offenes Ohr für unsere Sorgen haben. Denn geteiltes Leid ist halbes Leid. Aber ebenso gilt: Geteilte Freude ist doppelte Freude! Oder wie Mark Twain betont: »Freude lässt sich nur voll auskosten, wenn sich ein anderer mitfreut.«

Und in der Tat: Wenn wir uns richtig freuen, fällt es schwer, allein zu sein. Denn wir wollen das Erleben mit anderen teilen. Daher greife ich in Momenten, in denen ich vor Freude fast platze, aber dummerweise gerade allein bin, manchmal zum Handy, besuche spontan jemanden oder warte unruhig auf das Abendessen, um endlich meinen Mitschwestern von meinem Glück erzählen zu können.

Freude öffnet uns auf andere hin und schlägt eine Brücke zu ihnen. Wenn wir vor Freude aus der Haut fahren könnten, bleiben wir eben nicht mehr ängstlich in uns selbst verriegelt, sondern machen unser Herz offen und weit. Solche Freude wirkt ansteckend. Auch aus diesem Grund kann Freude Angstgefühle eindämmen. Denn während man sich aus Angst häufig in sein Schneckenhaus verkriecht und sich mutterseelenallein fühlt, lässt Freude einen die Fühler zu anderen ausstrecken. Freude gleicht einem goldenen Faden, der uns mit anderen und dem Leben insgesamt verbindet.

2. Mit Freude am Ball bleiben

An dieser Stelle möchte ich nochmals die Eingangsfrage aufgreifen: Sollte bei den vielen drängenden Herausforderungen unserer Welt die Sorge um das persönliche Glück nicht in den Hintergrund treten?!

Ich halte es für keinen ungebührlichen Luxus, angesichts der Krisen unserer Welt an die eigene Freude zu denken. Und ebenso wenig erscheint es mir sinnvoll, die Fähigkeit zur Freude zu begraben, wenn man selbst in einer Krise steckt. Denn ähnlich wie die Dankbarkeit stärkt Freude die seelischen, geistigen und zwischenmenschlichen Ressourcen. Dazu zwei Gedanken.

Kostbares auskosten
Aus einer tiefen Resignation oder Verzweiflung heraus haben Menschen selten etwas Großes getan oder sich für andere eingesetzt – wohl aber aus einer dankbaren Freude am Leben und dem, was der Alltag bereithält! Etwa die Freude darüber: Ich habe ein Dach über dem Kopf und sauberes Trinkwasser aus der Wasserleitung; meine Kinder können ohne Angst vor Bomben oder vor Gewalt in den eigenen vier Wänden einschlafen; ich kann mich schmerzfrei bewegen und habe geliebte Menschen um mich; ich lebe in einer Demokratie und in einer halbwegs intakten Natur ...

Lassen wir uns all das wirklich zu Herzen gehen und *kosten* wir die damit verbundene Freude aus, dann wissen wir zugleich, welch *kostbar*es Gut andere verloren oder vielleicht nie erfahren haben. Unsere Fähigkeit, Mitgefühl zu empfinden und mitmenschlich zu handeln, wird dadurch vertieft. Es ist die leidenschaftliche Wertschätzung des Lebens, die Menschen antreibt, die eigene Komfortzone zu verlassen und sich für andere einzusetzen: etwa für bezahlbaren Wohnraum, Arbeit und ein intaktes Gesundheitssystem.

Einen langen Atem haben

Die folgenden Überlegungen verdanke ich Joanna Macy und Chris Johnstone – zwei wichtigen Personen in den Bewegungen für Frieden, Gerechtigkeit und Ökologie – und ihrem Buch: *Hoffnung durch Handeln. Dem Chaos standhalten, ohne verrückt zu werden.*[23] Die beiden entfalten Freude und Begeisterung als eine wertvolle erneuerbare Ressource, die es braucht, um sich langfristig für eine bessere Welt einsetzen zu können. Und wie könnte es anders sein: Sie bringen ein naturales Bild, um dies zu verdeutlichen.

Jedes Jahr raubt eine nicht nachhaltige Landwirtschaft der Welt eine Anbaufläche von 10 Millionen Hektar. Zum Vergleich: In Deutschland werden ca. 16,6 Millionen Hektar landwirtschaftlich genutzt;[24] in Österreich etwa 8,4 Millionen Hektar.

»10 Millionen Hektar Anbaufläche verschwinden«, das heißt: Die kostbare Humusschicht wird zerstört und der Boden damit unfruchtbar. Ähnliches kann auch uns selbst passieren, wenn wir zu großen oder zu lang anhaltenden Anstrengungen ausgesetzt sind. Haben wir zu wenig Energiequellen, dann werden wir ähnlich wie das Erdreich ausgelaugt.

In der nachhaltigen Landwirtschaft weiß man, wie wertvoll ein gesunder Boden ist. Und man sucht nach Wegen, diese wertvolle Ressource zu nähren und ihre Fruchtbarkeit zu erhalten. Denn in ihr liegt die entscheidende Grundlage für eine langfristige Produktivität. Eine ähnlich wertvolle Ressource bilden aus Sicht von Macy und Johnstone die Freude und Begeisterung. Gerade im Einsatz für eine bessere Welt, der oft nur so schleppend vorankommt, gilt es, diese Kräfte zu schützen. Denn in dem Maß, in dem wir unser Tun so gestalten, dass es uns als sinnvoll erscheint und glücklich macht, laugt es uns nicht aus, sondern nährt uns. Wir werden fähig, langfristig am Ball zu bleiben. Daher lohnt es sich – und zwar gerade angesichts von Krisen und Notständen –, nach Wegen zu suchen, wie wir die kostbaren Ressourcen von Freude und Begeisterung erneuern und wieder beleben können. Ja, ihr Schutz ist geradezu geboten!

Diese Überlegungen helfen mir in meiner Arbeit. Seit über 20 Jahren begleite und berate ich junge Erwachsene. Viele von ihnen sind wach für die Herausforderungen unserer Zeit und setzen sich mit Leidenschaft für ein gerechteres Wirtschaftssystem und für die Rettung unseres Planeten ein. Doch oft genug werden sie auch müde und fragen (sich) entmutigt: »Hat es überhaupt einen Sinn, was wir da machen? Und woher soll ich auf lange Sicht die Ausdauer und Kraft nehmen angesichts der großen Widerstände, die Probleme wirklich anzupacken?« – Ich erzähle dann von der nachhaltigen Landwirtschaft und vom Wert der Freude und Begeisterung. Und ich lade die jungen Leute (u. a. mittels offener Sätze) zu einer Selbsterkundung ein, was ihnen in ihrem Engagement einen Energieschub gibt. Und was ihnen Energie raubt.

Haben sie den Wert der Freude als schützenswerte Ressource erst einmal erkannt, legen sie einen erstaunlichen Einfallsreichtum an den Tag, wie sie das, was sie tun, erfüllender und freudvoller gestalten können. Es beeindruckt mich immer wieder mitzuerleben, welcher Motivationsschub davon ausgehen kann: Die Freude wird zu einer treibenden Kraft, die ihrem Leben mehr Sinn verleiht und ihrem Engagement einen langen Atem. Und die zugleich Vertrauen und Hoffnung in unsere unsichere Welt bringt.

Ob es auch Sie reizt, mit folgenden offenen Sätzen auf Selbsterkundung zu gehen?

Checke dich selbst!
Die offenen Sätze können Sie für sich persönlich vervollständigen, aber auch in Gesprächen mit Freunden oder in einer Gruppe:
- Meine Augen beginnen zu leuchten, wenn …
- Die Augen anderer leuchten, wenn ich …
- Was mich mit Freude erfüllt und mir einen Energieschub gibt, ist …
- Ich spüre Begeisterung, wenn …

Hilfreich ist natürlich auch, Energiefresser aufzuspüren und sie zu minimieren.

3. Eigenlob stimmt!

Es zeigt sich: Freude ist keine reine Glücksache, die einem zufällt, weil es das Leben gerade so gut mit einem meint. Vielmehr ist sie eine Haltung, die sich einüben und kultivieren lässt. Dazu gehört auch der Umgang mit dem Guten und Gelungenen im eigenen Leben.

Deutlich erinnere ich mich an eine aufschlussreiche Begebenheit: Nach einem persönlich und beruflich belastenden Jahr, das mich an meine Grenzen gebracht hatte, kam die ersehnte Sommerpause. Ein Freund fragte mich im Blick auf die zurückliegende Zeit, womit ich zufrieden und froh sei. Ehrlich gesagt: Mir fiel kaum etwas ein. Stattdessen erzählte ich lang und breit, was ich hätte besser machen können. Mein Bekannter animierte mich beharrlich, genauer hinzuschauen. Und da entdeckte ich manches, was ich gut gemacht hatte, und ich konnte sehen, wie mutig ich schwierige Situationen angepackt hatte. Tränen der Freude rannen mir übers Gesicht und ich empfand tiefe Zufriedenheit mit mir.

Vielleicht halten Sie mir im Stillen entgegen: Eigenlob stinkt!

Und in der Tat kann sich im Eigenlob Geltungssucht niederschlagen. Daher lohnt es, sich zu fragen: Welcher »spirit« macht sich bemerkbar, wenn ich mich zu meinen Erfolgen bekenne und meine guten Seiten wertschätze? Führt mich dies zu wachsender Selbstgefälligkeit und zur Abwertung anderer? Oder wird meine Verbundenheit mit ihnen gestärkt, die – wie ich – ihre großen Momente und Gaben haben? Spüre ich mich als Teil eines größeren Ganzen und trage zu dessen Wohl bei?

Mir scheint, dass viele Menschen dazu neigen, dass sie das, was sie an sich mögen oder was ihnen gelungen ist, als Selbstverständlichkeit abtun. »Nicht der Rede wert!« winken sie innerlich ab – wenn sie denn das Gute überhaupt wahrnehmen. Wenn auch Sie zu dieser Fraktion gehören sollten und wenn Sie Freude in Ihrem Leben kultivieren wollen, dann braucht es folgenden Schritt: Geben Sie regelmäßig Ihrem Gefühl Raum, dass Sie dieses oder jenes wirklich gut gemacht haben. Und seien Sie nicht zu geizig im wertschätzenden Umgang mit sich selbst, sondern rechnen Sie damit, dass auch gelten kann: Eigenlob stimmt! Natürlich spielt auch hier – wie bei der Dankbarkeit – der Blick auf das scheinbar Alltägliche eine wichtige Rolle.

Da eine Kultur der Freude und der Dankbarkeit eng miteinander verflochten sind und weil diese ganz viel zu tun haben mit unserem Blick auf die Welt (vgl. im ersten Hauptteil Kapitel zwei: »Auf die Welt-Anschauung kommt es an«), möchte ich an dieser Stelle lediglich einen Hinweis geben. Ihn zu beherzigen ist mir wichtig, fällt mir persönlich aber immer wieder schwer.

Praxistipp: Sich gut abfedern
Ein genügend langer und erholsamer Schlaf gehört zu den körperlichen und seelischen Ressourcen, um der Freude Raum geben und sie tiefer empfinden zu können. Und es gilt auch hier: Es braucht einen guten Rhythmus, um rechtzeitig in die Federn zu kommen.

KAPITEL DREI: KONTROLLE IST GUT, VERTRAUEN IST BESSER

Die portugiesische Pianistin Maria João Pires sitzt auf einer Konzertbühne in Amsterdam am Flügel. Der Saal ist ausverkauft. Sie hört die ersten Takte des Orchesters, das Mozarts »Klavierkonzert Nr. 20 in d-Moll« zu spielen beginnt – und erkennt: Ich habe ein anderes Mozart-Konzert erwartet und vorbereitet als dieses!

Eine Videoaufnahme dieses legendären Konzertes hält den Schockmoment fest, als die Pianistin dies entsetzt realisiert. Pires senkt den Kopf und schaut fassungslos nach unten; dann blickt sie voller Not zu Riccardo Chailly, der hingebungsvoll dieses Konzert dirigiert, für das sie noch nicht einmal die Noten dabeihat. Leise raunt sie Chailly zu, dass sie mit diesem Konzert nicht gerechnet habe. Seelenruhig dirigiert dieser Takt um Takt, während Pires so wirkt, als ob sie gleich in Ohnmacht fällt. Es folgt ein kurzer Wortwechsel: Sie habe dieses Konzert wirklich nicht geübt, erklärt die Pianistin. Von ihrer Not scheinbar unberührt antwortet der Maestro: Sie haben das Konzert doch letzte Saison noch gespielt. Ich bin mir sicher, Sie schaffen das![25]

Eine atemberaubende Szene: Wie gelähmt findet sich Pires in einer Situation vor, von der sie nicht weiß, wie sie diese überstehen, geschweige denn bewältigen soll. Chailly lässt sich von ihrer Verzagtheit und Hilflosigkeit nicht aus dem Takt bringen, sondern macht ihr Mut. Und er lässt das Orchester weiterspielen! Den dann einsetzenden Wandel muss man sehen und hören: Pires blickt der Tatsache ins Auge, dass sie sich aus dieser Situation nicht herausstehlen kann, sondern spielen muss. In dem Augenblick, in dem sie sich in ihre Lage ergibt, verändert sich ihr Gesicht: Maria João Pires wirkt nun gesammelt, fokussiert. Sie gibt sich der Musik hin, ihr erstarrter Körper wird geschmeidig, sie hebt die rechte Hand für die ersten Töne des Klavierparts – und dann spielt sie. Perlend, präzis und brilliant. Es ist alles da, was sie braucht!

Diese Konzerterfahrung erscheint mir symbolträchtig für viele kleine und große Momente, in denen wir uns überfordert und haltlos erleben – und es dann doch »irgendwie« weitergeht.

Das kann sich beispielsweise so anfühlen: Zunächst bin ich schockiert von der Situation und wie gelähmt, denn ich hatte mich auf etwas anderes eingestellt, etwas anderes vorbereitet, etwas anderes erwartet. Und ich habe nicht die geringste Ahnung, wie ich das überstehen soll. Was für ein Geschenk, wenn in solchen Momenten Menschen an mich glauben und mein Vertrauen stärken. Wage ich es, mich auf die Situation wirklich einzulassen und mich vertrauensvoll in sie hineinzugeben, kann sich die Erfahrung einstellen: Irgendwie ist alles da, was ich brauche.

1. Dem Vertrauen trauen

Welche Überraschungen hinter der nächsten Kurve auf einen warten, weiß man nicht. Manchmal wirft sich einem das Glück so stürmisch in die Arme wie ein Kind, das man vom Schulausflug abholt. Manchmal aber lauern unerwartet Not und Gefahren. Das Leben bleibt unvorhersehbar und bisweilen auch verdammt unheimlich.

Es gibt eine ganz ursprüngliche Kraft in uns Menschen, die uns befähigt, mit dieser bleibenden Unberechenbarkeit umzugehen, und die uns in der Not tragen kann: die Kraft des Vertrauens. Eine Kraft, die uns in Krisen darauf bauen lässt, dass wir diese dunkle Zeit überstehen werden und es dann weitergeht – auch wenn wir jetzt noch keinen blassen Schimmer haben, wie das aussehen kann oder funktionieren soll. Diese zuversichtliche Lebenshaltung wird auch *Urvertrauen* genannt.

Der Begriff des Urvertrauens geht auf den Kinderpsychologen Erik H. Erikson zurück. Nach Erikson legen die frühkindlichen Beziehungserfahrungen die Basis für dieses tragende Lebensgefühl. Ein Säugling erwirbt die Fähigkeit, dem Leben vertrauen zu können, wenn er erfährt, dass seine Grundbedürfnisse verlässlich befriedigt werden: seine Bedürfnisse nach Nahrung und körperlicher Berührung, nach Zärtlichkeit, Zuwendung und Geborgenheit.

Das Urvertrauen bildet die Grundlage für jedes *konkrete Vertrauen*: das Vertrauen, dass die Bremsen meines Autos funktionieren; dass mein Bekannter mir beim Umzug hilft; dass ich mein Ziel erreichen kann; dass mein Sohn heil vom Training nach Hause kommt; dass es sich lohnt, heute eine Urlaubsreise zu buchen, weil auch morgen noch die Sonne aufgehen wird ... Egal, ob wir einen Vertrag abschließen, jemanden nach dem Weg fragen, einer Operation zustimmen oder eine Onlineüberweisung tätigen: Immer braucht es einen Vertrauensvorschuss. Ob sich dieser bewährt oder nicht, lässt sich nicht im Vorhinein theoretisch beweisen. Allein in dem Maß, in dem wir uns auf eine Person verlassen, können wir ihre Verlässlichkeit erfahren und kann die Gewissheit wachsen: »Ich kann auf dich bauen.«

Auf diesem Hintergrund definiert Dieter Claessens das Urvertrauen als unsere *Fähigkeit, dem Vertrauen selbst zu vertrauen*. Dieses Basisvertrauen macht uns zu beziehungs- und liebesfähigen Menschen. Es legt die Grundlage für unser alltägliches Leben und Handeln und für das Vertrauen in uns selbst.

Wenn das Kontrollbedürfnis außer Kontrolle gerät

In unserer Gesellschaft wird ein vielfacher Vertrauensverlust beklagt, doch ein Blick in das persönliche und soziale Leben zeigt: Vertrauen ist die Norm! Allein schon, wer bei Grün über die Fußgängerampel geht, baut auf deren technische Funktionstüchtigkeit, vertraut auf das Regelsystem der Straßenverkehrsordnung und darauf, dass sich die anderen Verkehrsteilnehmer:innen an diese halten. Und nicht zuletzt traut er den eigenen Sinnen. Bereits dieses kleine Beispiel zeigt: Das Vertrauen, welches wir Tag für Tag der Welt entgegenbringen und welches uns geschenkt wird, ist so groß und grundlegend, dass der Wunsch, das Leben zu kontrollieren, sich als kindliche Wunschvorstellung entpuppt.

Natürlich spielt Kontrolle in einzelnen Lebensbereichen eine wichtige Rolle – angefangen von der Vorsorgeuntersuchung bei der Ärztin über die Vergabe von öffentlichen Geldern bis hin zur Materialprüfung bei einem Raumschiff. Doch dass das gesellschaftliche Leben funktioniert, erwächst in den meisten Bereichen nicht irgendwelchen Kontrollmechanismen, sondern dem Faktum, dass unser Basisvertrauen begründet ist.

Seit Jahrzehnten lässt sich beobachten: Das Streben nach Sicherheit und Kontrolle nimmt stetig zu und gehört zu den Megatrends unserer Gesellschaft. Angefangen vom vorgeburtlichen Screening, um jedes Risiko auszuschließen; über in Windeln eingebaute Chips, um per Smartphone Ausscheidung und Herzschlag des Säuglings zu kontrollieren; Banken, die dem Kind schon den Finanzierungsplan für die Altersvorsorge in die Wiege legen; bis hin zu einer boomenden Versicherungsbranche, die uns über den Tod hinaus abzusichern verspricht. Doch der Glaube daran, in Zukunft alles in den Griff zu bekommen und restlos absichern zu können, schwächt die Bereitschaft und Fähigkeit zu vertrauen! Das wachsende Kontrollbedürfnis gräbt einer vertrauenswürdigen Atmosphäre das Wasser ab – und trocknet so die Quelle zu einem der wichtigsten Güter des Lebens aus.

Ein Schritt Richtung Vertrauen liegt darin, den Wunsch,

alles kontrollieren zu können, als naive Illusion zu entlarven. Und am besten auch noch humorvoll darüber schmunzeln zu können, denn wir hatten noch nie eine umfassende Kontrolle! Und es wird auch keine geben. Ein Beispiel gefällig? Während Sie diese Zeilen lesen, umkreisen Sie auf einem winzigen Planeten die Sonne mit einer Geschwindigkeit von – halten Sie sich fest – 107 280 Stundenkilometern. An diesem Tag sterben zwischen 50 und 70 Milliarden Zellen in Ihrem Körper und bilden sich etwa gleich viel neue. Ständig vollzieht Ihr Körper ohne Ihr aktives Zutun höchst komplexe Vorgänge wie etwa die Atmung, den Pulsschlag oder die Verdauung. Er lässt Wunden heilen oder gebrochene Knochen wieder zusammenwachsen. Und von alldem haben Sie nichts im Griff!

2. Vertrauen geht nicht allein

Noch einmal möchte ich Ihren Blick auf die Geschichte richten: Als der Pianistin Maria João Pires bei den ersten Takten des Orchesters die fatale Verwechslung bewusst wird, fühlt sie sich außerstande, dieses Klavierkonzert zu spielen, so ganz ohne Vorbereitung und Noten. Der Dirigent Riccardo Chailly sieht ihren Schock und ihre Verzagtheit. Aber er lässt sich durch ihre Angst nicht irritieren, sondern antwortet mit Vertrauen: mit Vertrauen in ihre Fähigkeiten und dass sie das, was sie braucht, um die Situation zu meistern, in sich trägt.

In dieser außergewöhnlichen Begebenheit wird etwas sichtbar, was sich Tag für Tag erfahren lässt: *Vertraut uns eine Person und traut sie uns etwas zu, dann festigt dies unser Vertrauen in uns selbst und unsere Fähigkeiten.* Gerade in Krisen – wenn sich das Selbstvertrauen so groß anfühlt wie ein Zwerg mit Hut – tut es unendlich gut, wenn man spürt: »Da glaubt jemand an mich und daran, dass ich die Situation bewältigen kann!«

Eine weitere Stütze in Krisenzeiten ist das *Vertrauen in andere Menschen;* also die Erfahrung, auf andere bauen zu können. Insbesondere wenn der Boden ins Wanken gerät, kann eine tragfähige Beziehung Halt geben. Sind wir mit einer Person zusammen, der wir vertrauen, verringert sich unsere Angst und wir fühlen uns zuversichtlicher. Ganz deutlich erlebe ich dies etwa beim Bergsteigen: Eine erfahrene Bergführerin weckt in mir Zutrauen – und zwar in sie und in mich selbst, dass ich die ausgesetzten Kletterpassagen bewältigen werde. Die Nähe der Bergführerin, ihr aufmerksamer Blick, der mir den Rücken stärkt, und das Seil geben mir genügend Sicherheit, um den nächsten Schritt zu wagen. Und das heißt etwas für mich als eine Frau vom Meer, in deren Bundesland die höchste Erhebung – der Bungsberg – stolze 167 Meter den Meeresspiegel überragt …

Eines steht fest: Wir können Selbstvertrauen – also das Vertrauen in uns und unsere Fähigkeiten – nicht mit uns allein ausmachen. Dazu brauchen wir andere! Ganz grundlegend gilt dies in den ersten Lebensjahren, aber auch als Erwachsene sind wir auf andere verwiesen. Daher ist es so wichtig, sich genügend Zeit zu nehmen, um tragfähige Beziehungen zu pflegen. Und sich in schwierigen Situationen in Erinnerung zu rufen: Auf welche zwei oder drei Personen kann ich bauen?

Der Boden ist brüchig

Natürlich, das Vertrauen in andere kann enttäuscht werden – so wie man selbst dem Vertrauen nicht immer gerecht wird, das andere einem schenken. Umso wichtiger ist es, zwischen dem Urvertrauen und dem Vertrauen in eine bestimmte Person oder in eine bestimmte Fähigkeit zu unterscheiden. Wer in einer Partnerschaft das Vertrauen verliert, weil er oder sie betrogen wurde, hat nicht grundsätzlich die Fähigkeit zu vertrauen verloren. Vielleicht geht er eine Zeit lang oder sogar für sein ganzes weiteres Leben als Single durch die Welt, um sich vor ähnlichen Beziehungswunden zu schützen. Doch er baut auch künftig darauf, dass der Gärtner kein Mörder, der Apotheker kein Giftmischer und die Bankangestellte keine Geldfälscherin ist.

Aber was bedeutet es, wenn ein traumatisches Erlebnis so tief geht, dass einem der Boden unter den Füßen wegbricht und man sich haltlos fühlt? Und was heißt es, wenn ein Säugling kein Urvertrauen entwickeln kann? Anders gefragt: Kann ein verletztes oder fehlendes Urvertrauen heilen oder nachreifen?

Von Trampelpfaden und Autobahnen
Wenn ein Säugling im ersten Lebensjahr keine verlässlichen Bezugspersonen erfährt, dann entsteht laut dem bereits erwähnten Kinderpsychologen Erik H. Erikson ein Urmisstrauen. Dieses verunsicherte Lebensgefühl erschwert es, eine stabile Identität zu entwickeln, die uns Krisen gut bewältigen lässt. Doch heutzutage geht man davon aus, dass das Urvertrauen nachreifen kann. Eine vertrauensvolle Haltung lässt sich in gewissem Maße einüben und wiedererlangen. Das ist zwar mühsam und schwierig, aber möglich. In Beziehungen etwa braucht es den Mut, sich einer anderen Person zuzuwenden und sich ihr zu öffnen – wenigstens einen Türspalt weit. Sinnvoll ist, dass man dabei mit jenen Menschen beginnt, bei denen die Zuverlässigkeit am größten erscheint. Und dann immer wieder neu einen Schritt des Vertrauens wagt und die damit verbundene Ungewissheit akzeptiert. So kann sich allmählich ein grundlegendes Vertrauen entwickeln. Es lässt sich beobachten: Damit das eigene Urvertrauen nachreifen kann, erweist es sich oft als hilfreich und bisweilen auch als notwendig, dafür auch professionelle Unterstützung in Anspruch zu nehmen.

Die genannte positive Rückkopplung lässt sich auch neurobiologisch aufzeigen: Erfahrungen oder Handlungen, die wir häufig wiederholen, verstärken die jeweils aktivierten neuronalen Strukturen im Gehirn. Mit einem Bild ausgedrückt: Indem wir ein vertrauensvolles Verhalten stetig wiederholen, verwandeln sich selten begangene »Trampelpfade« in »neuronale Autobahnen« im Hirn, die uns vertrauensvoller unterwegs sein lassen. Und dies gibt wiederum Mut, dass wir in Krisen nicht verzagen oder in Ohnmacht erstarren, sondern Vertrauen aufbringen – in andere, in uns selbst und ins Leben.

3. Ein spiritueller Instinkt

Das Urvertrauen darf nicht verwechselt werden mit dem Vertrauen in eine konkrete Person. Es ist wortwörtlich grund-legender: Es ist das Fundament für das Vertrauen in sich selbst und in andere(s). Es ist das Gefühl, sich auf die Tragfähigkeit des Lebens verlassen zu können – und zwar auch dann, wenn der Boden unter den Füßen wankt.

Treibt uns das Leben in die Enge und sitzt uns die Angst im Nacken (*Angst* und *Enge* hängen sprachlich zusammen), dann vermögen wir dank dieser Kraft dennoch darauf zu bauen: Das Leben wird uns schon irgendwie durch den Engpass bringen – so ähnlich, wie wir durch einen engen Geburtskanal in diese Welt gekommen sind.

Das Urvertrauen erwartet vom Leben also nicht, dass dieses alle persönlichen Wunschvorstellungen erfüllen wird. Es baut vielmehr darauf, dass alles gut wird, ohne jetzt schon zu wissen, worin das Gute genau bestehen wird. So ähnlich, wie man in einem Geburtskanal auch erst einmal nichts von einer neuen Welt erahnt, sondern alles ungeheuer dunkel, beklemmend und schmerzlich ist!

Vertrauen in das Leben bedeutet: Ich spüre, dass das Leben prinzipiell etwas Gutes ist, auch wenn es schwierig wird. Ich glaube, dass sich im Grund der Welt trotz allem so etwas wie

Güte finden lässt. Ich muss nicht unbedingt wissen, woher dieses Licht kommt, und auch nicht, auf was oder wem ich vertraue. Ich vertraue einfach.

Dieses grundlegende Vertrauen ist eine Gewissheit, die von der Philosophin Natalie Knapp als *spiritueller Instinkt* bezeichnet wird.[26] Diese Gewissheit verdankt sich dem Gespür für eine Wirklichkeit, die größer ist als wir selbst. Stehen wir mit ihr in Verbindung, dann gibt dies unserem Leben Licht und Wärme. Ein solches Basisvertrauen befähigt uns, trotz aller Krisen und Widersprüche unser Leben und die Welt als sinnvoll zu betrachten.

Glauben ist mehr, als man meint

An diesem Punkt erschließt sich, was »glauben« im religiösen Sinn meint. Glaube ist ein häufig missverstandenes Wort. Das liegt daran, dass es umgangssprachlich zwei ganz verschiedene Bedeutungen hat: Das Wort wird einerseits verwendet, um eine mehr oder weniger vage Meinung auszudrücken wie etwa in dem Satz: »Ich glaube, dass morgen die Sonne scheint.« Andererseits kann es »Vertrauen« bedeuten, wenn man etwa einer Ärztin ihren Therapievorschlag oder dem Kind seine Zahnschmerzen glaubt. Auch im religiösen Sprachgebrauch nimmt *glauben* die Bedeutung von *vertrauen* an. Glauben im religiösen Sinn meint also nicht »etwas für wahr halten« – oder gar, dass umso mehr Glauben gefordert ist, je unwahrscheinlicher oder skurriler sich etwas darstellt. Sondern glauben bedeutet: Ich verlasse mich vertrauensvoll auf eine Wirklichkeit, die größer ist als ich selbst und alles Endliche. Für diese Wirklichkeit gibt es viele Namen: Gott, das Ganze, das Geheimnis des Lebens …

Manchmal fragen mich Menschen überrascht: »Was, du glaubst an Gott?!«, und ich sehe schon die 77 Fragezeichen und Einwände in ihrem Gesicht. Mitunter antworte ich dann: »Ja, ich schenke dem Leben Vertrauen und verlasse mich auf das unergründliche Geheimnis des Lebens.« Und schon beginnt ein spannendes Gespräch darüber, wie das geht, sich mutig und vertrauensvoll auf das Abenteuer der Wirklichkeit einzulassen – und zwar der ganzen Wirklichkeit, der inneren und der äußeren.

Was die Sprache sagt

»Das weckt Vertrauen in mir.« »Das ist vertrauenerweckend.« Es lohnt sich, auf diese vielsagenden Redewendungen zu hören, denn in ihnen steckt ein Weisheitswissen. Der Ausdruck Vertrauen *wecken* deutet an, dass es unter aller Angst und Verzweiflung ein tragendes Vertrauen gibt. Oft schlummert es oder wird verdeckt von negativen Erfahrungen. Aber es kann geweckt werden. Da ist es einer Person klamm ums Herz – und eine Begegnung oder ein Sonnenstrahl an grauen Tagen ruft unverhofft Vertrauen in ihr wach.

Wenn ich mit Menschen darüber ins Gespräch komme, was Vertrauen in ihnen weckt, kommen Antworten wie: Es weckt Vertrauen in mir, wenn

- ich am Bett meiner schlafenden Kinder stehe,
- ich in den unermesslichen Sternenhimmel schaue,
- ein Grashalm den Asphalt aufsprengt,
- mich meine Frau in den Arm nimmt,
- ich mit einem Vertrauenswort bete,
- mir jemand zuhört,
- ich sehe, wie Vögel ihre Jungen im Nest füttern,
- mir etwas gelungen ist,
- ich meine Lieblingsmusik höre,
- ich jemandem helfen kann,
- es Frühling wird,
- …

Und wie ist das bei Ihnen: Was weckt Vertrauen in Ihnen?

KAPITEL VIER: VERZEIHEN BEFREIT

Gefragt, wie es ihm gehe, antwortet mein Bekannter: »Eigentlich gut.« »Und uneigentlich?«, frage ich zurück. Lachend antwortet er: »Autsch, erwischt! Denn eigentlich wollte ich das Wort *eigentlich* aus meinem Wortschatz streichen.« Und er beginnt, von seiner Trennung zu erzählen, die schon einige Jahre zurückliegt und ihn heute noch belastet.

Wer kennt das nicht: Eigentlich läuft gerade alles gut oder zumindest erträglich und man könnte sich freuen – doch düstere Erinnerungen werfen einen langen Schatten auf die Gegenwart und trüben sie ein.

Natürlich ist es völlig normal, dass wir über Vergangenes nachdenken und dass gemachte Erfahrungen unsere Gegenwart prägen. Doch wenn wir mit Gedanken in der Vergangenheit festhängen, dann liegt das meist daran, dass wir mit etwas Zurückliegendem hadern: Wir hätten rückblickend gerne etwas anders gehabt oder gemacht und werfen dies anderen oder uns selbst vor. Insbesondere Situationen, in denen wir uns hilflos und ausgeliefert gefühlt haben, können sich hartnäckig in einem festsetzen. Wie in einer Endlosschleife erlebt man dann selbst weit zurückliegende Verletzungen ständig neu. Vorwurfsvolle innere Streitgespräche wie »Wie konntest du mir das antun?« oder »Wie konnte ich nur so blöd sein?!« beginnen stets von vorn. Ob morgens beim Aufwachen, beim Einkaufen oder auf dem Weg zur Arbeit – und all dies in der Hoffnung, dadurch etwas zu lösen. Doch meist tritt der gegenteilige Effekt ein: Durch das Wiederkäuen nährt man seine Ressentiments (Lat.: re-sen-tire = erneut fühlen). Wieder und wieder fühlt man den alten Schmerz, erlebt erneut Ohnmacht, Wut, Scham, Angst ...

Halten wir an alten Enttäuschungen fest oder werfen uns versäumte Möglichkeiten vor, dann verhindert dies, Zufriedenheit, Freude und Zuversicht zu erleben. Häufige und intensive negative Gedanken über die Vergangenheit nagen regelrecht an unserem Herzen. Mark Twain fordert entsprechend: »Wir sollen unsere Enttäuschungen verbrennen und sie nicht einbalsamieren.«

Doch woher kommt diese weitverbreitete, unsinnige Angewohnheit, am Alten hängen zu bleiben? Und vor allem: Wie können wir mit unserer Vergangenheit so weit ins Reine kommen, dass sie uns zur Kraftquelle wird, statt ein permanenter Energiefresser zu sein, der uns auslaugt und schwächt?

1. Ein Ausflug in die Hirnforschung

Der Mensch besitzt vereinfacht gesagt nicht *ein* Gehirn, sondern drei: Der älteste Teil entwickelte sich sehr früh in der Evolution der höheren Tiere und wird deshalb auch *Reptiliengehirn* genannt. Es steuert angeborene Instinkte wie etwa die Bereitschaft zum Kampf, zur Flucht oder zum Erstarren (»fight, flight or freeze«). Später entstanden ist das emotionale Gehirn oder *Säugetiergehirn,* welches dem limbischen System entspricht. Es speichert alle emotionalen Erfahrungen und reguliert Gefühle und Bedürfnisse wie z. B. den Wunsch nach Bindung oder Sicherheit. Jüngsten Datums ist das »dritte« Gehirn, der *Neokortex*. Mithilfe des Neokortex können wir Situationen bewusst analysieren, kognitive Strategien entwerfen und Empathie entwickeln.

Die drei Gehirne (in der Fachsprache »dreifach-eines Gehirn« genannt) sind neuronal vielfach miteinander vernetzt und stehen in einer hierarchischen Ordnung zueinander. Sie lassen sich mit einem Gebäude vergleichen, welches aus drei Stockwerken besteht, die miteinander durch Treppen verbunden sind. Das Reptiliengehirn bildet das »niedrigste« Stockwerk; es folgen das emotionale Gehirn und der Neokortex. Die hierarchische Stufenordnung bringt es mit sich, dass der Einfluss von oben nach unten geringer ist als der von unten nach oben.

Grips zuschalten

Was bedeutet der menschliche »Gehirnhaushalt« für den Umgang mit schmerzhaften Erlebnissen? Was spielt sich im Hirn ab, wenn wir in Verletzungen stecken bleiben? Und was braucht es, um sie zu verarbeiten und loszulassen?

Fühlen wir uns emotional bedroht oder verletzt, reagieren wir zuallererst mit den Möglichkeiten des Reptiliengehirns: Wir verdrängen den Schmerz (Flucht); reagieren aggressiv, etwa indem wir Rachefantasien entwickeln oder uns wehren (Kampf); oder wir dämpfen unsere Gefühle und werden apathisch (Erstarren). Solche instinktiven Reaktionen sind natürlich und lassen sich nicht verhindern. Wenn wir Erlittenes aber überwinden wollen, ist es notwendig, dass das emotionale Gehirn und der Neokortex miteinander kooperieren. Das bedeutet konkret: Wenn wir unser emotionales Erleben zulassen und wahrnehmen, uns bewusst mit unseren Gefühlen auseinandersetzen, dann können wir uns klarer werden, was uns emotional so aufwühlt – und in der Folge unsere emotionalen Impulse modifizieren.

Aber genau an diesem Punkt hakt es: Oft kommen nicht alle drei Gehirnregionen gleichermaßen zum Zug – und deswegen sind Verletzungen so hartnäckig! Selbst Jahre nach einer tiefen Kränkung arbeiten das Reptiliengehirn und das emotionale Gehirn häufig noch auf Hochtouren, während der Neokortex deaktiviert bleibt. Wird beispielsweise das Erlittene durch eine im Radio gehörte Melodie wieder wachgerufen, so überschwemmen einen erneut die alten Empfindungen wie Wut oder Ohnmacht und der Neokortex kann den starken Gefühlen und verzerrten Gedanken kaum etwas entgegensetzen.

Es zeigt sich: Wenn wir nichts tun, außer unsere Wunden zu lecken und in Selbstmitleid zu zerfließen oder in Rachefantasien zu schwelgen, ändern wir gar nichts. Und dann ändert sich auch nichts. Wir bleiben in Unfrieden mit anderen und mit uns selbst. Wollen wir Erlittenes wirklich loslassen und entschieden unsere Gegenwart gestalten, dann müssen wir die grauen Zellen des Neokortex bewusst in Anspruch nehmen und geistige Arbeit leisten. Konkret bedeutet dies, dass wir lernen, über das Erlebte *anders zu denken* als bisher, und es *anders bewerten*. Und dass wir in der Folge auch anders handeln können. In dem Maß, in dem wir alle drei Bereiche des Gehirns gleichermaßen zum Zug kommen lassen, können wir ausgewogener und seelisch stabiler leben. Aus neurobiologischer Perspektive lässt sich daher formulieren: Die verschiedenen Stockwerke des Hirns müssen miteinander kooperieren, damit wir inneren Frieden finden und unser Leben aktiv gestalten können.

2. Frieden schließen: Wie geht das?

In einem fernen Land lebte einmal ein mächtiger König. Eines Tages schickte er seinen Feldherrn mit einem großen Heer los und befahl ihm: »Vernichte meine Feinde!« Gehorsam zog der Feldherr mit den Soldaten los.
Ungeduldig wartete der König auf eine Nachricht. Als nach Monaten immer noch keine Meldung kam, schickte er einen Boten an die Landesgrenze. Dieser fand dort ein großes Lager, in dem es fröhlich und heiter zuging: Die Soldaten des Königs feierten gemeinsam mit den Feinden ein großes Fest.
Da ging der Bote des Königs zum Feldherrn und stellte ihn zur Rede: »Du hast den Befehl des Königs nicht ausgeführt! Du solltest doch die Feinde des Königs vernichten! Stattdessen feierst du zusammen mit ihnen ein Fest!«

Der Feldherr erwiderte: »*Du täuschst dich! Ich habe den Befehl des Königs sehr wohl befolgt. Ich habe seine Feinde vernichtet: Denn ich habe sie zu Freunden gemacht.*«

Feinde, gegen die wir ins Feld ziehen, finden sich nicht nur in der Nachbarschaft, am Arbeitsplatz oder in der Verwandtschaft, sondern oft in uns selbst – und häufig entstammen sie unserer Vergangenheit. Denn im Lauf einer Lebensgeschichte kann enorm viel schiefgehen: ein tiefgehender Verrat, wiederholte und gravierende Enttäuschungen, Machtmissbrauch, ein Schicksalsschlag, eine schmerzhafte chronische Erkrankung oder schwer zu tragende Schuld. Wer mit den dunklen Kapiteln seiner Lebensgeschichte dauerhaft im Streit liegt, wird sich selbst feind. Und wer versucht, diese auszuradieren, gerät schnell in die Sackgassen von Verleugnung oder Wut. Die Geschichte vom König und seinem Feldherrn weist in eine andere Richtung: sich mit den Feinden an den runden Tisch setzen, alte Konflikte begraben, sich versöhnen, Freundschaft schließen und einmütig in die Zukunft gehen.

Was bedeutet das für den Umgang mit belastenden Erfahrungen der Vergangenheit? Erlittenes lässt sich nicht einfach abhaken – etwa im Sinne von »Schwamm drüber!«, »Einfach vergessen!« oder: »Vorbei ist vorbei!« Aber zugleich wäre es ein folgenschwerer Irrtum zu meinen, dass unglückliche Ereignisse uns unabänderlich in unserer Geschichte gefangen halten. Mit solchen falschen Glaubenssätzen erzeugen wir unbemerkt einen Dauerschmerz und bremsen uns selbst aus. Doch wir haben die Chance, *Altes loszulassen* und so *Raum zu schaffen für Neues*.

Die Kunst des Loslassens
Um Herz, Hirn und Hand freizubekommen für Neues, muss man erst Altes loslassen: Verletzungen, Kränkungen und zerbrochene Beziehungen; falsche Erwartungen, enttäuschte Hoffnungen oder die verflossene Jugendzeit. Es gilt zu verabschieden, was nicht mehr zu einem gehört, was nur noch belastet oder am Weitergehen hindert.

Grundsätzlich gilt: Loslassenkönnen ist lebensnotwendig! Auf der körperlichen Ebene ist dies offensichtlich. Durch Ausatmen und Ausscheiden von Stoffen gibt der Körper ab, was er nicht mehr braucht. Täte er es nicht, würde er sich selbst vergiften. Ähnlich kann das Festhalten von erlittenen Verletzungen oder unwiederbringlichen Verlusten unsere Seele vergiften.

Eine entscheidende Voraussetzung, damit der Prozess des Loslassens gelingen kann, liegt in der Entscheidung, etwas zurücklassen zu *wollen*. Denn wer will, findet Wege. Wer nicht will, findet Gründe. Ob Sie Freude daran haben, folgendes kleines Ritual zu machen, das ich dem Psychiater und Psychotherapeuten Michael Tischinger verdanke?[27]

Praxistipp: Aus der Hand geben
Lassen Sie sich auf einem Stuhl aufrecht und bequem nieder. Legen Sie Ihre Hände mit den Handflächen nach oben zu einer Schale zusammen. Versuchen Sie, aufmerksam Ihre Handinnenflächen wahrzunehmen.

Fragen Sie sich: Was habe ich darin an Altem angesammelt? Was davon will ich loslassen? – Spüren Sie in Ihre Hände hinein.

Wenn Sie bereit dazu sind, dann drehen Sie die Handinnenflächen nach unten. Lassen Sie los – im Vertrauen darauf, dass nichts im Universum verloren geht.

Sie können das Losgelassene segnen mit Ihren Händen und (innerlich) sagen: Dankbar lasse ich dich los.

Formen Sie nun erneut mit Ihren Händen eine Schale. Wie fühlen diese sich jetzt an? Wofür gibt es jetzt neuen Raum?

3. Verzeihen: Ein Prozess

Ob es in Ihrem Leben Verletzungen gibt – Beziehungswunden, aber auch Wunden, die das Leben Ihnen geschlagen hat –, an denen Sie schwer tragen und die Sie loslassen wollen? Dann stehen Sie vor der Herausforderung, einen *Weg der inneren Aussöhnung* zu gehen. Denn dieser ermöglicht Ihnen, das Erlittene schrittweise zu verarbeiten und in Ihr Leben zu integrieren. Versöhnen Sie sich mit Ihrem alten Leben, dann wird Ihnen ein erfüllteres Leben im Hier und Jetzt möglich. Natürlich: Das Geschehene bleibt Teil Ihres Daseins, aber es blockiert Sie nicht mehr. Es stürzt Sie nicht mehr in Angst oder Ohnmacht und raubt Ihnen keine Energie mehr. Sie werden frei(er) von dunklen Erinnerungen und Gefühlen und Ihr Einverständnis mit sich selbst und dem Leben wächst. Kurz gesagt: *Verzeihen können ist eine Art Entrümpelungsaktion der Seele.*

Sich auf den Prozess des Vergebens einzulassen ist jedoch alles andere als selbstverständlich! Viele meinen, es ihrer Selbstachtung zu schulden, der anderen Person das Geschehen auf Dauer nachtragen zu müssen. Aber dabei übersehen sie: Durch ihre Unversöhnlichkeit, mit der sie ihr Gegenüber bestrafen wollen, treffen sie zuallererst sich selbst! Bildlich ausgedrückt: Solange sie jemandem eine Verletzung nachtragen, sind vor allem *sie* es, die schwer daran tragen. Sie leben mit der blockierenden Last der vergifteten Gefühle und Erinnerungen. Und es wächst die Gefahr, den unverarbeiteten Schmerz bewusst oder unbewusst weiterzugeben und so neues Leid zu erzeugen.

Doch wie geht Verzeihen? Wie können wir Kränkungen und Enttäuschungen hinter uns lassen und befreit nach vorne schauen? – In meinem Buch *Die Kraft des Vergebens. Wie wir Kränkungen überwinden und neu lebendig werden*[28] habe ich mich intensiv mit dem Prozess des Verzeihens beschäftigt. Im Folgenden nenne ich drei wichtige Aspekte.

Sich den Schmerz eingestehen
Werden wir durch jemanden emotional verletzt, dann wird unser Inneres mit einem Schlag durcheinandergewirbelt. Denn wer gekränkt ist, fühlt sich in seinem Selbstwert angegriffen und herabgesetzt. An diesem sensiblen Punkt getroffen zu werden tut äußerst weh. Wut, Scham, Angst und oft auch das notvolle Gefühl von Ohnmacht steigen auf. Diese Gefühle können sehr peinigen – und entsprechend nahe liegt es, sie abzuwehren. Aber wer eine Verletzung überspielt oder die damit verbundenen Gefühle flieht, ist sie noch lange nicht los. Im Gegenteil: Wer starke Emotionen nicht zulässt, kann sie auch niemals loslassen!

Das bedeutet: Der Weg des Verzeihens beginnt damit, dass Sie sich der verletzenden Situation und den damit verbundenen Gefühlen stellen. »Mit der Vergangenheit umgehen kann nur, wer den Mut hat, Wunden zu öffnen«, betont Bischof Desmond Tutu, der für seinen gewaltlosen Kampf gegen das südafrikanische Apartheidregime den Friedensnobelpreis erhalten hat.

Und in der Tat: Es braucht Mut, eine erlittene Verletzung freizulegen und sich zu gestatten, alles zu fühlen und zu benennen, was an sogenannten negativen Empfindungen in einem da ist. Doch ähnlich wie körperliche Wunden nur heilen können, wenn Luft an sie kommt, so heilen auch seelische Verletzungen nur, wenn sie ans Licht kommen dürfen. Manche empfinden es in diesem Zusammenhang als hilfreich, sich in einem Brief – den sie nicht abschicken – vieles von der Seele zu schreiben. Wie sie die Situation damals erlebt haben und was sie jetzt im

Augenblick bewegt. Anderen wiederum tut es gut, jemandem von dem zurückliegenden Ereignis zu erzählen und wie es heute noch in ihnen nachwirkt.

Gedanken und Gefühle neu ausrichten
Was für den Transformationsprozess des Ohnmachtsgefühls grundsätzlich zutrifft, das gilt auch für den Weg des Vergebens: Unsere Gefühle haben wichtige Funktionen, aber sie können unsere Sicht auf die Wirklichkeit und auf uns selbst auch verzerren. Daher tun Sie gut daran, wenn Sie Ihrer unmittelbaren Gefühls- und Gedankenwelt eine gewisse Vorsicht entgegenbringen und Ihren Verstand einschalten. Anders gesagt: wenn Sie das Oberhaus Ihres Gehirns, den Neokortex, bewusst miteinbeziehen und geistige Arbeit leisten.

Dazu gehört *erstens,* dass Sie versuchen, eine realistischere Sicht vom anderen wie von sich selbst und den eigenen Anteilen am Konflikt zu gewinnen. Denn im Schmerz der Kränkung neigen Menschen oft zu einseitigen Deutungen des Vorfalls, etwa: »Der andere ist das schwarze Schaf und ich bin das arme Unschuldslamm!« Finden Sie zu einer angemesseneren Sicht des Geschehens, dann gewinnen Sie einen Abstand von Ihren starken, vitalen Gefühlen. Sie treten einen Schritt von der eigenen Betroffenheit zurück und können die erlittene Verletzung gedanklich leichter verarbeiten.

Zweitens: Durch die innere Bestandsaufnahme gewinnen wir eine klarere Vorstellung von unseren – oft nur halb bewussten – Denkgewohnheiten und Überzeugungen. Etwa: »Ich wäre heute viel glücklicher, wenn mein Mann mich vor 13 Jahren nicht sitzen gelassen hätte!« Oder: »Ich fühle mich von meiner Vergangenheit betrogen. Das Leben ist ein mieser Verräter!«

Dass eine solch düstere Gedankenwelt das Leben eintrübt, ist offensichtlich. Denn wenn wir uns auf Dauer als Opfer übler

Mitmenschen oder des Lebens selbst begreifen, dann beeinflusst dies maßgeblich unsere Gegenwart und Zukunft. Daher ist es von größter Bedeutung, *wie* wir auf unsere Vergangenheit schauen und *wie* wir mit ihr umgehen. Sich dauerhaft gekränkt oder verraten zu fühlen ist kein unabwendbares Schicksal. Vielmehr liegt es auch an unserer Sicht auf die Dinge, wie wir diese erleben.

Ein wichtiger Schritt im Prozess der inneren Aussöhnung liegt daher – *drittens* – darin, anders denken zu lernen. Das Geschehen aus einer neuen Perspektive zu betrachten. Denn wenn sich die innere Einstellung ändert, wandelt sich auch der Blick auf den Verlust und das Zerbrochene.

Anders denken lernen bedeutet, dass ich lieb gewordene Meinungen über Bord werfe. Irrige Annahmen, die mich am eigentlich längst Vergangenen oder Schädlichen festhalten lassen. Anders denken lernen bedeutet aber auch, die rückwärtsgewandte Frage nach dem *Warum* (»Warum hast du mir das angetan?«, oder: »Warum mutet das Leben mir das alles zu?«) zu verabschieden. Die Warum-Frage ist zwar nachvollziehbar, aber sie kettet an die Vergangenheit. Sind wir gekränkt, bewegen wir uns – auf lange Sicht gesehen – nur dann weiter, wenn wir den bereits erwähnten Perspektivenwechsel vollziehen. Wenn wir nach vorne schauen und uns fragen: »Wozu fordert mich diese Situation persönlich heraus?« Und wenn wir versuchen, die belastende biografische Situation aus einem neuen Blickwinkel zu betrachten, indem wir das aus ihr Gelernte wahrnehmen und wertschätzen.

Kurz gesagt: Es geht darum, dass wir die Geschichte, die wir uns selbst über unsere Vergangenheit erzählen, umschreiben. Neu schreiben. Natürlich sollen bei dieser Überarbeitung die Fakten in der Erzählung weder verdreht noch gefälscht werden! Vielmehr gilt es, die Tatsachen aus einem reiferen, verständnisvolleren und distanzierteren Blickwinkel zu sehen und neu zu bewerten. Gelingt dieser Perspektivenwechsel, verändert sich die emotionale Einschätzung des Erlittenen. Und es ist die emotionale Neubewertung, die uns befreit! Wir finden aus dem emotionalen Dschungel heraus und werden frei für Neues.

Rechnen Sie damit: All das bedeutet für Ihr Gehirn Schwerstarbeit! Manchmal legt es sich auch nahe, therapeutische Unterstützung zu suchen. Zugleich können Sie Ihr Gehirn in seinem Bemühen, die Seele zu entrümpeln, tatkräftig unterstützen.

Praxistipp: Ausmisten

Häufig sammeln sich in den eigenen vier Wänden Erinnerungsstücke an, die belasten und schmerzhafte Ereignisse ständig vor Augen führen: Auf der Kommode das Foto vom Urlaub mit der Ex-Freundin, die einem schon vor zehn Jahren den Laufpass gegeben hat und deren Weggang heute noch schmerzt. Der Brief der Eltern, in dem diese mitteilen, dass sie das gesamte Erbe der ältesten Tochter überschrieben haben und man selbst nur den Pflichtteil erhalten wird. Oder das bittersüße Abschiedsgeschenk, das einem bei der betriebsbedingten Kündigung überreicht worden ist. Solche sichtbaren Erinnerungen tragen dazu bei, dass Enttäuschungen oder erlittenes Unrecht einem – bewusst oder unbewusst – ständig präsent bleiben.

Gehen Sie mit wohlwollender Aufmerksamkeit durch Ihre Wohnung und betrachten Ihre Einrichtung, Gegenstände und Besitztümer. Öffnen Sie auch Ihre Schränke und Schubladen. Was finden Sie?

Spüren Sie in sich hinein: Was davon tut Ihnen nicht gut? Längst Verflossenes, Belastendes, Schmerzliches ...

Und dann: Misten Sie aus! Denn was aus den Augen ist, geht auch leichter aus dem Sinn. Indem Sie im Außen aufräumen, schaffen Sie Raum für Neues – im Außen *und* im eigenen Innern.

Eine innere Unabhängigkeitserklärung
Vielleicht denken Sie an dieser Stelle leicht ungeduldig: »Ist ja schön und gut, was Melanie Wolfers schreibt, aber all das geistige Durcharbeiten und konkrete Tun führt doch nicht automatisch zur inneren Aussöhnung.« Das stimmt, Vergeben folgt nicht zwangsläufig aus einer solchen persönlichen Auseinandersetzung. Vielmehr ist ein Entschluss gefragt. Eine willentliche Entscheidung, nämlich: Will ich der anderen Person vergeben – oder will ich ihr das verletzende Verhalten weiterhin nachtragen? Will ich ewig am Schuldschein festhalten – oder will ich innerlich einen Friedensvertrag schließen mit meiner eigenen Geschichte und mit meinem Gegenüber?

Wie wichtig der Entschluss ist loszulassen, das zeigt auch die sprachgeschichtliche Bedeutung von *vergeben:* etwas fortgeben, loslassen, durch Geben beseitigen.

Um erlittene Wunden loslassen zu können, liegt ein wesentlicher Schritt darin, das Geschehene zu akzeptieren. Solange ich nämlich im Verurteilen und Ablehnen stecken bleibe, halte ich am Vergangenen fest und bleibe ihm verhaftet. Wenn ich hingegen das Erlittene annehme, dann kann ich den unrealistischen Wunsch nach einer anderen Vergangenheit ablegen. Und darin liegt ein wesentliches Element von Vergebung: *Ich höre auf, auf eine bessere Vergangenheit zu hoffen!*

In jenem Maß, in dem wir das Widerfahrene annehmen und mit ihm Frieden schließen, nehmen wir der anderen Person die Macht, die sie ansonsten immer noch über uns ausübt, indem sie uns etwa mit Hass- oder Ohnmachtsgefühlen erfüllt. Wir finden aus der lähmenden Opferrolle heraus, die unfrei macht. Positiv formuliert: Vergebung ist eine innere *Unabhängigkeitserklärung,* die uns instand setzt, unser Leben neu in die Hand zu nehmen. Wir eröffnen eine Zukunft, die nicht mehr unter dem Diktat des Früheren steht.

4. Dem Leben verzeihen?

Beziehungswunden gehören zu den tiefsten Wunden unseres Lebens. Daher braucht es in unseren zwischenmenschlichen und sozialen Beziehungen die Kunst des Verzeihens! Denn diese trägt wesentlich dazu bei, dass Verletzungen heilen und unsere Beziehungen lebendiger werden.

Doch es gibt auch Wunden, die das »Schicksal« einem geschlagen hat und die oft noch Jahre später schwer auf einem lasten können, wie etwa die Flutkatastrophe im Juli 2021. Während ich dieses Kapitel schreibe, wird in den Medien an die verheerenden Wassermassen erinnert, die ein Jahr zuvor in Rheinland-Pfalz 135 Menschen in den Tod gerissen und 766 weitere teils schwer verletzt haben. Im besonders stark betroffenen Ahrtal lebt eine Bekannte von mir. Sie und ihr Ehemann konnten ihre vier kleinen Kinder und sich selbst gerade noch retten, bevor ihr Haus in den Fluten wie ein Kartenhaus in sich zusammenbrach und alles davonschwamm – angefangen vom Kuscheltier der Kinder über die Kücheneinrichtung bis hin zu Bett und Auto.

Um solche und ähnliche Katastrophen bewältigen zu können, kommt es zuallererst auf tatkräftige Hilfe und Unterstützung an. Und zum Glück gab es die. Tausende von Menschen haben monatelang vor Ort geholfen, Keller leer gepumpt, Schlamm geschaufelt, Häuser und Wohnungen saniert. Hilfsbereitschaft ist – allen Unkenrufen zum Trotz – weitverbreitet. Zahlreiche Studien zeigen, dass Solidarität und Gemeinsinn gerade in Katastrophensituationen die Norm sind![29]

Zugleich wird sich allen Betroffenen auf lange Sicht die Frage stellen: Wie schaue ich auf die Katastrophe zurück? Welche Geschichte erzähle ich mir über sie? Stecke ich in den schrecklichen Gefühlen von Ohnmacht und Angst fest oder versuche ich, mit dieser Geschichte meinen Frieden zu finden?

Es beeindruckt mich immer wieder, wenn ich Menschen begegne, die schrittweise gelernt haben, die undurchschaubaren und auch grausamen Aspekte des Lebens zu akzeptieren. Die dem Leben verzeihen, was es ihnen zugemutet hat. Derart versöhnte Menschen werden fähig, dem Leben zu dessen *eigenen* Bedingungen zu begegnen. Sie begreifen das Leben als ein Geschehen, an dem sie teilhaben und für dessen Gestaltung sie Mitverantwortung tragen.

Wiedergeburt
Vergebung hat der Gründer der Gemeinschaft von Taizé, Frère Roger Schutz, als eine Wiedergeburt beschrieben, die im Herzen beginnt. Der Mensch kann noch einmal neu anfangen. Innerlich neu anfangen, denn es muss nicht immer so sein, dass sich das Leben auch äußerlich ändert.

Darin liegt das Geschenk der inneren Aussöhnung, das auf Sie wartet: Sie können mit den schmerzhaften Kapiteln Ihrer Geschichte frei von Hader und im Frieden leben. All Ihre Energie, die bis dahin im inneren Ringen mit den Lasten der Vergangenheit gebunden war, wird freigesetzt und steht Ihnen jetzt zur Verfügung. Ein Schub positiver Energie ist die Folge und Sie vermögen mit neuer Freude und Kraft Ihr Heute zu gestalten und gestärkt in die Zukunft zu gehen.

KAPITEL FÜNF: MEINE SEHSTÄRKE: ZUVERSICHT

»Frau Wolfers, Sie haben ein Buch über Zuversicht geschrieben – und dies in Zeiten, in denen das Klima kollabiert, die Meere zugemüllt werden; die Coronapandemie noch lange nicht vorbei ist und über 80 Millionen Menschen auf der Flucht sind … Mal ehrlich: Wenn Sie angesichts der globalen Katastrophen und angesichts der vielen persönlichen Krisen über Zuversicht sprechen, ist das nicht naiv und weltfremd?!« Spontan antworte ich: »Im Gegenteil, das ist weltzugewandt! Denn Zuversicht befähigt uns, dass wir uns den Problemen zuwenden und Krisen angehen.«

Warum berichte ich Ihnen von diesem Interview aus dem vergangenen Frühjahr? – Zum einen, weil die individuelle und globale Situation noch bedrängender geworden ist. Viele Menschen lähmt das Gefühl von Ohnmacht, und sie trauen sich und ihrer Lösungsbegabung kaum mehr etwas zu. Zum anderen deutet sich in dem kurzen Wortwechsel bereits ein wichtiger Aspekt von Zuversicht an, nämlich: Zuversicht ist alles andere als ein blauäugiger Optimismus, der die Probleme ausblendet und naiv-unbekümmert annimmt: »Ach, es wird schon alles gut gehen!« Mit einer solchen Haltung kommt man nicht weit. Theodor Fontane drückt es so aus: »Ein Optimist ist ein Mensch, der ein Dutzend Austern bestellt, in der Hoffnung, sie mit einer Perle, die er darin findet, bezahlen zu können.«

Was Zuversicht meint und wie diese sich stärken – oder erst einmal: wiederfinden – lässt, darum geht es im Folgenden.

1. Da hilft wohl nur strampeln

Der Unterschied zwischen einer trübsinnigen Pessimistin, einem blauäugigen Optimisten und einer zuversichtlichen Person lässt sich mit einer Geschichte illustrieren: mit der bekannten Parabel von den drei Fröschen, die auf Wanderschaft gehen und in einen Topf Sahne fallen. »Ach, irgendjemand wird uns hier schon rausholen und uns retten«, denkt der erste Frosch optimistisch. Er verharrt bewegungslos, sinkt zu Boden und ertrinkt. Der zweite Frosch jammert pessimistisch: »Oje, was hilft es, wenn wir uns anstrengen? Wir sind verloren.« Lässt sich zu Boden sinken – und ertrinkt ebenso. Der dritte Frosch gibt nicht auf und strampelt um sein Leben. Irgendwann ist die Sahne zu Butter geworden und er kann sich mit einem kräftigen Sprung aus dem Krug retten.

Interessant: Auch wenn Optimisten und Pessimisten entgegengesetzte Positionen einnehmen, so kommen sie doch in einer entscheidenden Sache überein: Beide verlieren ihre Eigenverantwortung aus dem Blick. Beide unterlassen es, aktiv zu werden und nach Lösungen zu suchen. Sie übersehen, dass ihr Beitrag zählt. Eine zuversichtliche Person hingegen erkennt: »Um aus dieser Misere herauszukommen, muss ich kräftig strampeln.« Und dafür braucht es Energie – und zwar vor allem die seelische Energie der Zuversicht.

Eine zuversichtliche Person ist in der Lage, Schwierigkeiten nüchtern zu analysieren, ohne dass sie sich vom Ernst der Situation lähmen lässt. Sie glaubt daran, dass sich die Situation verbessern lässt und dass ihr Einsatz zählt. Trotz Angst und Ohnmacht entdeckt sie Spielräume, die sich auftun, und ergreift diese. Sie entwickelt positive Zukunftsbilder und ist possibilistisch – eine Person also, die Möglichkeiten sieht.

Auf den Punkt gebracht: Zuversicht ist ein Gegenpol zu dem Gefühl von Hilflosigkeit und Ohnmacht. Sie ist eine Art Spürsinn für das, was die Zukunft an positiven Möglichkeiten mit sich bringen könnte. Und die Tatkraft, das Eigene dazu beizutragen, damit das Erhoffte eintreten kann.

Es wäre falsch zu glauben, Zuversicht sei eine angeborene Charaktereigenschaft. Vielmehr ist sie eine innere Haltung, die sich alle – zumindest bis zu einem gewissen Maß – aneignen können. Wir können unsere Fähigkeit, zuversichtlich zu leben, Tag für Tag aufbauen und stärken. Drei Säulen möchte ich Ihnen vorstellen:
- Das Zusammenspiel von Körper und Psyche, das sich nutzen lässt, um Zuversicht zu stärken
- Die schöpferische Kraft der Fantasie und die Fähigkeit zu träumen
- Die Kraft der Erinnerung

2. Den Körper in Stimmung bringen

Gehen bringt uns körperlich und seelisch wortwörtlich über den Berg.

Wandern und Laufen wirkt sich vielfach positiv aus – und zwar nicht nur auf die körperliche Gesundheit, sondern ebenso auf das seelische Wohlbefinden. Setzen wir uns in Bewegung, kommen Lebenskräfte in Gang – bis hin zur Aktivierung jener Gehirnstrukturen, die einen mit der Ausschüttung von Glückshormonen belohnen. Im Gehen lösen sich Blockaden. Wenn sich Gedanken und Gefühle zu einem festen Knäuel verknotet haben, schafft die Bewegung äußeren und inneren Raum. Das Schauen in die Ferne oder in das tiefer gelegene Tal mit seinen winzigen Häusern weitet den Blick. Es entsteht ein Stück Distanz zu dem, was einen gerade noch bedrängt hat.

Sorgen relativieren sich und neue Perspektiven tun sich auf. Kurz gesagt: Gehen bringt uns körperlich und seelisch wahrhaft über den Berg!

Hinzu kommt: Das Schritt-Tempo bringt uns dichter an die Welt heran. Denn beim Gehen kann unser Gehirn mit den Füßen Schritt halten – im Unterschied zu anderen, schnelleren Fortbewegungsweisen. Das liegt daran, dass die menschlichen Sinnesorgane pro Sekunde nur ein gewisses Maß an Informationen verarbeiten können. Im Umkehrschluss bedeutet dies: Die erlebte Realität wird umso ärmer und oberflächlicher, je rascher man unterwegs ist. Wer im Schritt-Tempo unterwegs ist, kommt in Tuchfühlung mit der Natur: kann den Wind auf der Haut spüren, den Duft von nassem Waldboden riechen, den Gesang der Nachtigall hören …

Viele Menschen erleben die *Natur* als eine ihrer wichtigsten Säulen in Sachen Zuversicht. Das zeigt auch das »Hoffnungsbarometer«, das von Andreas Krafft, dem Leiter des »Internationalen Forschungsnetzwerks des Hoffnungsbarometers«, und seiner Studiengruppe seit 2009 jährlich erhoben wird: Über zehn Jahre hinweg rangiert die Natur – nach Freunden und Familie – als zweitwichtigste Quelle von Hoffnung und Zuversicht.

Dieses Ranking wundert nicht, stellt sich doch gerade in der Natur die Erfahrung von Resonanz ein. Im Freien fühlen wir uns mit der Natur verbunden, werden von ihr angesprochen. Wir kommen aus der Natur und sind ein Teil von ihr, und daher können uns andere lebendige Wesen – Tiere, Blumen, Bäume … – auf einer tiefen Ebene ansprechen. Die Natur hilft zu spüren, was es heißt, lebendig zu sein. Und sie weckt die Ahnung: Ich bin verbunden mit einem großen Ganzen.

Für gute Stimmung sorgen

Im Gehen und Wandern lässt sich erfahren: Unser Körper vermag vieles zu verarbeiten, was die Seele belastet. Und ebenso gilt, dass sich seelisches Erleben körperlich ausdrückt. Körper und Geist bilden eine Einheit und beeinflussen sich gegenseitig.

Wer traurig ist, lässt die Schultern hängen – und umgekehrt macht es traurig, auf Dauer die Schultern hängen zu lassen. Auf die gleiche Weise lässt eine gebeugte Haltung das Selbstbewusstsein einknicken (auch hier ist die Sprache äußerst vielsagend) und es kann passieren, dass sich eine Arbeit mühevoller gestaltet, als sie sein müsste. Wer sich freut, dessen Körper richtet sich unmerklich auf – und eine aufrechte Haltung weitet nicht nur den Blick, sondern richtet auch innerlich auf und stärkt die Zuversicht.

Haltung, Mimik und Bewegung wirken also unmittelbar auf unsere Stimmung zurück – und ebenso auch andersherum. Schon der antike Philosoph Aristoteles hat diesen Zusammenhang beschrieben: »Ändert sich der Zustand der Seele, so ändert dies zugleich auch das Aussehen des Körpers und umgekehrt: Ändert sich das Aussehen des Körpers, so ändert dies auch zugleich den Zustand der Seele.« In der Psychologie wird dieses Erfahrungswissen unter dem Stichwort *Embodiment* (»Verkörperung«) untersucht.

Gerade wenn in Krisenzeiten Schweres auf einem lastet, lohnt es sich, dieses ständige Wechselspiel wahrzunehmen und zu nutzen. Denn sobald Sie um diesen Zusammenhang wissen, gewinnen Sie die Möglichkeit, dass Sie mittels Ihrer Haltung und Bewegung nicht nur Ihrem Körper, sondern auch Ihrer Seele ganz bewusst und konkret etwas Gutes tun.

Natürlich geht es nicht darum, dass Sie mittels bestimmter Drehungen und Wendungen Ihre Gefühle unter den Teppich kehren! Das würde nur dazu führen, dass Sie irgendwann über diese stolpern. Vielmehr gilt: Gerade wenn dunkle Gefühle einen bedrängen, ist es wichtig, diese aufmerksam wahrzunehmen und anzuerkennen, denn nur dann kann man wirklich sinnvoll reagieren und aus der Krise herausfinden. Doch das ist unglücklicherweise oft ein langwieriger Prozess! Wenn Sie erkennen, dass Sie derzeit die belastende Situation nicht unmittelbar verändern können, tut es gut, sich selbst den Rücken zu stärken, indem Sie sich auf die Schultern klopfen. Wenn Sie Ihren Körper und sein Wechselspiel mit Ihrem seelischen Erleben bewusst einbeziehen, können Sie für bessere Stimmung sorgen.

Praxistipp: Fitnesstraining für das Körpergefühl
Es ist das Natürlichste auf der Welt, auf den eigenen Körper zu hören. Doch viele missachten die Signale, die sie spüren.

Beobachten Sie sich in verschiedenen Situationen und lernen Sie Ihre eigene Körpersprache kennen, etwa wenn Sie sich heiter und gelassen fühlen: Vielleicht sitzen Sie zurückgelehnt und schauen sich mit offenem Blick interessiert um. Oder Sie gehen aufrecht mit beschwingtem Schritt und locker baumelnden Armen. In dem Maß, wie Sie ein Gespür für Ihre Körpersprache ausbilden, können Sie die entsprechende Haltung und Bewegung bewusst verstärken. Dadurch kurbeln Sie jene Gehirnmuster an, die bei Ihnen persönlich beim Gefühl »heiter und gelassen« aktiv sind.

3. Träume öffnen Räume

»Ich habe einen Traum …« lautet der Titel einer der berühmtesten Reden der Geschichte – gehalten von Martin Luther King am 28. August 1963 beim »Marsch auf Washington«. Vor dem Lincoln Memorial bringt Martin Luther King mehr als 250 000 Menschen seine Vision nahe: Er träumt von einer

Zukunft, in der Schwarze und Weiße sich als Schwestern und Brüder die Hand reichen und in der seine eigenen Kinder nicht nach ihrer Hautfarbe, sondern nach ihrem Charakter beurteilt werden. Martin Luther King malt eine Zukunft aus, die man schaffen kann – und diese Art des Träumens kann eine ungeahnte Wirkung entfalten! Dass ein Afroamerikaner wie Barack Obama Präsident der Vereinigten Staaten von Amerika wird – eine solche Vorstellung wäre in den 1960er-Jahren vermutlich vom Großteil der Bevölkerung als bloße Spinnerei abgetan worden.

Wandern zwischen zwei Welten
Unsere Träume und Visionen für die Zukunft haben eine wegweisende Bedeutung, denn sie geben die Richtung an, in die wir als Individuen oder als Gesellschaft gehen wollen. Sie schaffen den Raum für das, was noch nicht Wirklichkeit ist, aber Wirklichkeit werden kann. Dazu zwei Beispiele: Hat jemand eine schwere Operation vor sich, macht es einen Unterschied, ob er sich mit allen Sinnen ausmalt, was er voraussichtlich in einigen Wochen wieder alles machen kann – oder ob er das unterlässt. Exemplarisch zeigt das eine Studie des Psychologen Winfried Rief von der Universität Marburg. Er hat 124 Personen untersucht, die vor einer Herzoperation standen. Sechs Monate nach dem Eingriff untersuchte er sie erneut und stellte fest: Diejenigen, die sich vor ihrer Operation bewusst Zeit genommen hatten, um positive Zukunftsbilder zu entwickeln und sich mit allen Sinnen auszumalen, litten weniger an Beschwerden; sie waren körperlich aktiver und erfreuten sich einer besseren Lebensqualität als jene Personen, die keine hoffnungsvollen Träume für die Zeit nach der Operation hatten.

Oder: Angesichts der zunehmenden Überhitzung der Städte macht es einen Unterschied, ob wir als Gesellschaft davon träumen, mit ausschließlich grüner Energie im öffentlichen Raum

Kühlzonen einzurichten und alle Häuser mit Klimaanlagen auszustatten. Oder ob wir gar den kühnen Traum entwerfen von Städten, in denen keine Privatautos mehr fahren. In denen das viele Grün die Temperatur um mehrere Grad verringert, die Luft frisch riecht, das Brummen und Summen von Hummeln und Bienen in den vielen kleinen Gärten zu hören sind und die Kinder gefahrlos auf den Straßen und in zahlreichen Begegnungszonen spielen können. Und in denen ein gut organisiertes öffentliches Transportwesen uns von einem zum anderen Ort bringt. (Ich vermute, Sie ahnen, wovon ich persönlich träume.)

Natürlich, nicht jede Zukunftshoffnung wird sich erfüllen. Doch der entscheidende Punkt liegt anderswo: *Damit Träume Wirklichkeit werden können, muss man zuallererst einmal träumen!* Unsere Träume und Visionen für die Zukunft bereiten vor, was bislang noch nicht wirklich ist. Und in dem Maß, in dem wir unserer schöpferischen Fantasie Raum geben, stärken wir auch unsere Zuversicht. Denn das kennzeichnet ja gerade eine zuversichtliche Person: Sie erkennt den Ernst der Lage *und* verfügt zugleich über einen Spürsinn für das, was die Zukunft an positiven Möglichkeiten mit sich bringen könnte. Vielleicht lässt sich auch mit Robert Musil sagen: Sie hat einen Wirklichkeitssinn *und* einen Möglichkeitssinn.

In unnachahmlicher Weise erzählt Michael Ende in seinem Buch *Die unendliche Geschichte* von der alles entscheidenden Fähigkeit, zwischen diesen beiden Welten hin- und herzuwandern. Der Antiquar Koreander erläutert Bastian, dass es drei Arten von Menschen gäbe: Die einen finden nie den Weg nach Phantásien. Die anderen gelangen hinein, bleiben aber dann für immer dort. Und dann gäbe es noch einige Menschen, so der Antiquar, die nach Phantásien gehen und von dort wieder zurückkehren – so wie es Bastian tue. Und diese Menschen, so der Antiquar, machten beide Welten gesund.[30]

Michael Ende lädt die Leser:innen ein, hin- und herzuwandern zwischen den beiden Welten – der »realen Welt« und »Phantásien« –, um so »eine neue Welt zu finden, in der es sich wohnen lässt«. Doch leider haben Träumen und Visionieren heute weitgehend eine schlechte Presse! Von Kindesbeinen an wachsen die meisten von uns in einer Welt auf, die Fakten und Zahlen mehr schätzt als die Fantasie. Mit dem abwertenden Wort »Träumer« wird jemand bezeichnet, den man nicht ernst nimmt, weil seine Ideen einem als unrealistisch erscheinen. Und es ist zu befürchten, dass auch Martin Luther King mit seinem Traum heute spöttisch als »Gutmensch« abgetan werden würde.

Wie lässt sich die schöpferische Kraft zu träumen wiederfinden? Wie können wir unsere Fantasie befreien und unsere Fähigkeit vertiefen, eine Welt zu suchen, in der es sich wohnen lässt? Anders gefragt: Wie können wir unseren Möglichkeitssinn beleben und dadurch unsere Zuversicht stärken?

Eine unvollständige Liste

- Die zwei Hirnhälften des menschlichen Gehirns haben zwei unterschiedliche Aufgaben: Die linke Hälfte ist für Sprache und rationale Logik zuständig. Die rechte Seite verarbeitet Muster und Bilder und bewirkt, dass wir die Gestalt der Dinge im Ganzen intuitiv erfassen können. Für wen primär nur Fakten und Zahlen zählen, der denkt gewissermaßen nur mit seinem halben Hirn. Um die Fähigkeit zu stärken, Spielräume zu entdecken und Visionen zu entwerfen, liegt ein wichtiger Schritt darin, die intuitiven Begabungen als eine wertvolle Form der Intelligenz anzuerkennen.
- Führen Sie sich vor Augen, wie viele Aspekte unserer Realität ursprünglich nur der Traum eines oder weniger Menschen waren: Abschaffung der Sklaverei, Frauenwahlrecht, Fall der Berliner Mauer … Das allein zeigt schon, wie wichtig

die schöpferische Kraft ist, eine »Möglichkeitsdenkerin« oder ein »Möglichkeitsdenker« zu sein.
- Manche Menschen haben ihre einfallsreichsten Momente beim Spazierengehen, unter der Dusche oder beim Basteln am Motorrad. Nehmen Sie sich Zeit für Spielräume, in denen »die Muse« Sie küssen kann.
- Es bereichert, sich von anderen anregen zu lassen und gemeinsam zu träumen, denn: »Wenn einer alleine träumt, ist das nur ein Traum. Wenn viele gemeinsam träumen, so ist das der Beginn einer neuen Wirklichkeit« (nach Dom Helder Camara).
- Sich von den Hoffnungen inspirieren lassen, die sich in den Mythen und Religionen dieser Welt ausdrücken, eröffnet neue Perspektiven.
- »Ich habe einen Traum ...« – Schreiben Sie *Ihre* persönliche Rede.
- Fragen Sie sich immer mal wieder: Welchen Samen will ich heute säen für die Zukunft, die ich in einem Jahr erhoffe? Für die Zukunft, die ich in zehn Jahren erhoffe? Und welchen Samen will ich heute säen für die Zukunft, die ich für meine Urenkelinnen und -enkel in 70 Jahren erhoffe?

4. Die Erinnerung ist die Schwester der Hoffnung

Eine weitere Säule, die die Kraft der Zuversicht stärkt, liegt in der Erinnerung. Michelangelo sieht in ihr die Schwester der Hoffnung.

Ich erinnere mich an ein seelsorgliches Gespräch: Eine Frau erzählte mir mit einem leichten Schauder, aber noch mehr mit Dankbarkeit und Freude von den zurückliegenden Jahren, in denen so viel Belastendes zusammenkam: der Hausbau, das zweite Kind, berufliche Herausforderungen und dann wurde noch die Mutter krank ... Manchmal wusste sie weder ein noch aus, doch schließlich hatte sie gemeinsam mit ihrem Mann die Situation gemeistert. Ich konnte förmlich zusehen, wie sich die Frau während ihres Erzählens unmerklich immer mehr aufrichtete und ihr Selbstvertrauen wuchs.

Wenn Sie sich wie diese Frau in Erinnerung rufen, welche Krisen Sie schon bestanden haben, dann stärkt dies in dreifacher Hinsicht Ihre Zuversicht.

Erstens: Die Einsicht »Ich bin mit dieser Sache ganz gut klargekommen« vertieft das Vertrauen in sich selbst und die Fähigkeit, dem Leben gewachsen zu sein. Und es stärkt die Zuversicht, dass Ihnen Ähnliches auch heute möglich ist.

Zweitens: Wenn Sie sich Ihre Kräfte und Problemlösungen ins Gedächtnis rufen, dann hilft Ihnen dies, gegenwärtige Herausforderungen zu bestehen. Sie können auf Bewährtes zurückgreifen, Schlüsse für die Zukunft ziehen und Handlungsspielräume entdecken.

Und *schließlich* vollzieht sich in alldem ein Perspektivenwechsel: Anstatt dass ich nur auf das Problem starre oder mich als ohnmächtig und ausgeliefert erlebe, weitet sich mein enger Blick. Ich kultiviere einen Sinn für Alternativen und vor allem begrenze ich mein Gefühl von Ohnmacht. Erinnernd vergewissere ich mich meiner Lebenskraft. Auf den Punkt gebracht: Hoffen ist Erinnern in die Zukunft hinein. Und das verändert die Gegenwart.

Was mich inspiriert
Was Zuversicht ist, geht mir persönlich anschaulich auf, wenn ich die Natur beobachte. Beeindruckt hat mich, als ich vor einigen Jahren entdeckte: Die Sonnenblume wendet noch in der Nacht ihren Kopf in jene Richtung, wo die Sonne aufgeht. Ähnlich macht es die Zuversicht!

KAPITEL SECHS: TATKRÄFTIG HOFFEN

»Jeden Morgen frage ich mich, warum ich überhaupt aufstehe und das morsche Gerüst meines Alltags aufrechterhalte«, erzählt der Mann, der mit zusammengesackten Schultern vor mir sitzt. Seit Monaten ist er in eine immer tiefere Lebenskrise hineingeschlittert. Er empfindet sein Leben als sinnlos und sich selbst als bedeutungslos. Eine Woche später kommt er wie ausgewechselt zum Gespräch: Seine vierjährige Tochter hat beim Spielen zu ihm aufgeschaut und ihn aus heiterem Himmel gefragt: »Papi, versprichst du mir, dass du bei mir bleibst, bis ich groß bin?« Die Frage seiner Tochter und sein darauffolgendes Versprechen hätten ihm, so erzählt der Mann, das Leben gerettet. Die Einsicht, dass seine Tochter ihn braucht und das Leben eine Aufgabe für ihn bereithält, hat ihn ins Leben zurückgeholt.

Nicht nur als Kinder, sondern auch als Erwachsene sind wir auf die Erfahrung angewiesen, dass wir erwünscht sind, auch wenn wir selbst gerade verzweifeln. Dass wir für andere wichtig sind und unser Leben einen Wert hat. Der Mann wurde aus seiner suizidalen Krise herausgerissen, als ihm aufging, dass seine Tochter ihn braucht. Dies gab seinem Leben wieder Sinn und Bedeutung. Doch es muss nicht immer eine Person sein, für die es einen Unterschied macht, dass es uns gibt. Es kann auch die Sorge für ein Haustier oder einen Garten sein, die einem Menschen die Kraft gibt, weiterleben zu wollen.

1. Auf dich kommt es an!

Was für Grenzsituationen gilt, trifft auch grundsätzlich zu: Die Erfahrung von Ohnmacht oder Verzweiflung kann sich wandeln, wenn Menschen erfahren, dass sie gebraucht werden. Persönlich ist mir dies beim Ausbruch des Ukrainekrieges neu deutlich geworden: Bei vielen – auch bei mir – weckte der russische Angriffskrieg tiefe Ohnmachts- und Angstgefühle. Und zeitgleich schlossen sich zahlreiche Menschen zu Hilfsinitiativen zusammen, spendeten Geld und Güter oder stellten großherzig Wohnraum und Zeit für die Geflüchteten zur Verfügung. Dadurch konnte vielen Betroffenen in ihrer großen Not ein wenig geholfen werden – und das zählt!

Interessanterweise kann ein solches Engagement zugleich auch unsere eigenen Ängste mindern. Denn so wie Ohnmacht Angst gebiert, stärkt es umgekehrt das Vertrauen in sich und das Leben, wenn wir erkennen: »Ich kann die Not eines Menschen etwas lindern.« Tätig zu sein, wenn auch nur im Kleinen, hilft, Gefühlen des Kontrollverlusts zu begegnen. Kommen wir ins Handeln, dann erleben wir Wirk-Macht statt Ohn-Macht. Wir spüren: »Es macht einen Unterschied, dass es mich gibt. Ich kann etwas zum Guten wenden für andere. Ich werde gebraucht. Es kommt auf mich an.« – Und ein solches Empfinden stärkt unser Sinnerleben und unsere Zuversicht.

Praxistipp: Global denken, lokal handeln
In persönlichen oder gesellschaftlichen Krisenzeiten liegt die Gefahr einer Nabelschau besonders nahe. Doch sobald Sie sich allzu sehr auf die eigenen Nöte fokussieren, wachsen und wuchern diese und Sie geraten fast zwangsläufig in eine Haltung steter Besorgnis. Weiten Sie in solchen Situationen Ihren Blick und fragen Sie sich: Wer braucht mich? Wem kann ich etwas Gutes tun? Welche Aufgabe will durch mich heute getan werden?

Was mich inspiriert

Andreas Knapp bringt in seinem Gedicht den genannten Perspektivenwechsel in einer berührenden Weise zum Ausdruck.

zu unserem Heil

wo bleibe ich
was bringts
wie springt für mich etwas heraus
so fragen wir

Er fragt anders
wo bleibst du
was bringe ich dir mit
wie springe ich für dich ein

es gibt Fragen
die machen krank
Seine Fragen aber
heilen die Welt[31]

Das lyrische »Er« in diesem Gedicht steht für Jesus von Nazareth. Von ihm erzählt die Bibel, dass er sich aus ganzem Herzen den Menschen zuwandte. Und dass Menschen in der Begegnung mit ihm heiler wurden und etwas von der Güte Gottes erahnten.

In dem Maß, in dem eine Person in diese zugewandte Lebenshaltung hineinfindet – egal, ob sie sich als Christ:in versteht oder nicht –, trägt sie zur Heilung der Welt bei.

2. Hoffen durch Handeln

Doch was ist, wenn die Probleme allzu groß erscheinen und die Hoffnung, dass der eigene Einsatz Erfolg hat, gegen Null tendiert? Immer wieder stehen Menschen vor dieser Frage – sei es im Ringen mit einem Schicksalsschlag, im Einsatz für einen geliebten Menschen oder angesichts gesellschaftlicher Krisen wie etwa der wachsenden Spaltung in der Bevölkerung.

Je komplexer und globaler eine Krise ist, umso mehr wächst die Gefahr, innerlich zu kapitulieren, der eigenen Lösungskompetenz nichts mehr zuzutrauen und untätig zu werden (oder zu bleiben). Ich kenne zahlreiche junge Menschen, die sich bei *Fridays for Future* einsetzen und die zugleich mit der Frage ringen: »Sind unsere Anstrengungen nicht eh sinnlos?! Es halten einfach zu viele Menschen am *business as usual* fest und verhindern dadurch, dass wir als (Welt-)Gesellschaft alles – und zwar wirklich alles denkbar Mögliche – tun, um die Kurve der Klimakatastrophe auch nur ein wenig ›abzuflachen‹.« Doch trotzdem lassen die jungen Leute in ihrem Engagement nicht nach, denn sie wissen: »Auch wenn ungewiss ist, was wir mit unserem Tun bewirken: Wenn wir nicht handeln, dann schlittern wir auf jeden Fall in die größtmögliche Katastrophe hinein!«

Was für eine spannungsreiche Situation! Sie stellt alle Menschen, die sich für eine bessere Zukunft einsetzen, vor die Frage: Wie können wir uns langfristig und nachhaltig engagieren, ohne dass wir ausbluten, sondern im Gegenteil daraus sogar Zufriedenheit und Lebendigkeit schöpfen? – In ihrem Buch *Hoffnung durch Handeln. Dem Chaos standhalten, ohne verrückt zu werden*[32] widmen sich Joanna Macy und Chris Johnstone diesem Thema und beziehen sich dabei auf ihr jahrzehntelanges gesellschaftspolitisches Engagement.

Im Handeln wächst Hoffnung
Der Grundgedanke von Macy und Johnstone lautet schlicht: *Lassen wir uns nicht von unseren Erfolgschancen, sondern von unserer Absicht leiten!* Fokussieren wir uns in unserem Tun auf unsere Intention, an der »Heilung der Welt« mitzuwirken – ohne zu wissen, was wirklich geschehen wird. Denn dann gehen wir in eine Richtung, die unser Herz berührt; die uns einen tieferen Sinn erfahren lässt und uns das Gefühl größerer Lebendigkeit schenkt. Und daraus erwächst Hoffnung!

Auch Greta Thunberg weist auf den Zusammenhang von Handeln und Hoffen hin. Als 15-jährige Schülerin hat sie im August 2018 vor dem schwedischen Parlament für das Klima zu demonstrieren begonnen, ohne zu ahnen, dass daraus eine weltweite Bewegung entstehen würde. Hätte Greta Thunberg nur an ihre Erfolgsaussichten gedacht, hätte sie ihren Klimastreik wohl nie begonnen. Doch sie ließ sich nicht von der Vorstellung auf eine große Breitenwirkung leiten, sondern von Werten, die ihr am Herzen liegen.

Es wäre ein Missverständnis zu meinen, hier ginge es um einen ethischen Hochleistungssport, der von einem verlange, mit zusammengebissenen Zähnen und ohne Rücksicht auf Verluste alles zu geben. Im Gegenteil: Wenn Menschen – so Macy und Johnstone – ihre besten Kräfte anstrengen, um bei der Heilung der Welt mitzuwirken, dann sind sie Gebende und Empfangende zugleich. Sie empfinden ihr Leben als sinnvoller. Und in ihrem Einsatz geht es »weniger um pflichtbewusstes oder ehrenhaftes Verhalten, sondern vielmehr darum, eine Lebendigkeit zu erlangen, die zu einem zutiefst befriedigenden Leben führt«[33].

Diese Erfahrung gilt für alle Lebensbereiche: Erfahren Menschen ihr Tun als *in sich* sinnvoll, dann gewinnen sie innere Stabilität und Widerstandskraft, um auch bei Gegenwind den Kurs zu halten. Richten sie ihren Fokus auf ihre Absicht und handeln sie in Übereinstimmung mit ihren Überzeugungen, dann verleiht ihnen dies Zufriedenheit und Zuversicht. Und dies trägt sie auch dann, wenn offen ist, ob ihr Einsatz von Erfolg gekrönt sein wird oder nicht.

Man denke nur an Nelson Mandela, der 27 Jahre unschuldig im Gefängnis saß und daran nicht zerbrach. Er war davon überzeugt, dass sein Kampf gegen Apartheid ein sinnvoller Einsatz ist und dass er sich auch dann lohnt, wenn er womöglich für immer im Gefängnis bleibt.

Checke dich selbst!

Man muss nicht erst an außergewöhnliche Persönlichkeiten wie Nelson Mandela denken, um auf eine solch wertorientierte und hoffnungsstiftende Haltung zu stoßen. Vielmehr können Sie auch auf Ihr eigenes Leben (und auf das Ihrer Mitmenschen) blicken und auf Spurensuche gehen. Vielleicht mögen Sie kurz innehalten und auf die vergangene Woche zurückschauen:

Zurückschauen: Wann habe ich im Einklang mit meinen eigenen Werten und Grundüberzeugungen gehandelt?

Spüren: Ich erlebe, vielleicht mit geschlossenen Augen, diesen Moment nach: die äußere Situation, die Beteiligten, meine Körperempfindungen, Gefühle und Gedanken ... Und was klingt jetzt in mir nach?

Praxistipp: Gedanken auf dem Friedhof

Wohin soll meine Lebensreise gehen? Worauf kommt es mir wirklich an? Was soll die Hauptsache in meinem Leben sein? – Diese Fragen treffen ins Mark! Es geht um unser inneres Feuer und den Sinn unseres Lebens. Um die grundlegenden Werte und Überzeugungen, an denen wir unser Leben ausrichten. Die Antwort, die wir auf die Frage nach unseren Prioritäten geben, bestimmt die große Richtung in unserem Leben. Daher gehört es mit zum Wichtigsten zu wissen, was wir wirklich wollen!

Doch das ist alles andere als selbstverständlich. Denn oft gehen die eigenen Werte im vorlauten Geplapper der Alltagswünsche und im stetigen Strom der Meinungen und Erwartungen anderer unter. Um die eigenen tiefen Anliegen klarer zu fassen, lautet eine Anregung aus der christlichen Spiritualität (Achtung, halten Sie sich fest): *Schreiben Sie Ihre eigene Grabrede!*

Für diese Übung ist es gut, sich genügend Zeit zu nehmen und einen ungestörten Ort aufzusuchen (es kann, muss aber nicht ein Friedhof sein).

Stellen Sie sich vor, Ihre Freundinnen und Freunde, Familienangehörige und Bekannten kommen zu Ihrem Begräbnis zusammen und der Pfarrer oder eine enge Freundin hält eine Rede über Ihr Leben: Was wollen Sie, dass über Sie gesagt wird? Was soll lobend hervorgehoben werden und welche Ihrer Stärken und Verdienste sollen erwähnt werden?

Formulieren Sie spontan, was Ihnen in den Kopf kommt, und bringen Sie es möglichst ohne innere Zensur zu Papier. Es darf ruhig ein wenig kitschig klingen. Doch es sollten nur wirklich vorhandene Eigenschaften und Talente zur Sprache kommen.

Indem Sie Ihre eigene Grabrede verfassen, treten Ihre Werte und Ziele deutlicher zutage. Denn wenn Sie vom gedachten Ende her auf Ihr Leben blicken, dann relativieren sich die Dinge und Anforderungen, die sich im Alltag aufdrängen. Das Ganze Ihres Lebens ist jetzt im Blick und dessen Sinnachsen kommen mehr ans Licht.

Ich wünsche Ihnen eine erhellende Entdeckungsreise!

3. Die Kraft des Wir

Wie können wir uns langfristig engagieren für das, woran wir glauben und wofür wir brennen? Ein bereits genannter Aspekt ist, dass wir mit dem Herzen bei dem sind, was wir tun. Aber das reicht nicht aus! Denn wiederholte Fehlschläge und ausbleibender Fortschritt können den Eindruck vermitteln, nichts bewegen zu können. Nur ein kleines Rädchen im großen Weltgetriebe zu sein, das leerläuft.

Und doch: Es ereignen sich immer wieder positive Veränderungen, und allen Krisen und Katastrophen zum Trotz gibt es einen langfristigen Fortschritt. Meist sind es Einzelpersonen, die eine gesellschaftliche Entwicklung in Gang setzen und dem Lauf der Welt eine neue Richtung geben. Ich erinnere noch einmal an Rosa Parks, die sich weigerte, ihren Sitzplatz im Bus für einen weißen Fahrgast zu räumen – und damit eine landesweite Bürgerrechtsbewegung auslöste, die in den USA das Ende der Rassentrennung herbeiführte.

Ihr Mut und Beispiel haben gezündet. Rosa Parks stieß bei zahlreichen Menschen auf Resonanz und in kürzester Zeit entstanden ganze Netzwerke von Unterstützerinnen und Unterstützern. Und das gilt grundsätzlich: Gesellschaftlicher Fortschritt ist fast immer das Ergebnis von vielen Leuten, die viele Schritte gehen und irgendwann gemeinsam etwas erreichen.

Es kann umkippen – zum Guten
Untersucht man soziale oder politische Bewegungen der Vergangenheit, fällt auf, dass es oft einen Moment in der Geschichte gab, in dem die öffentliche Meinung und danach auch das politische Handeln innerhalb vergleichsweise kurzer Zeit gekippt sind. Als ob die Zeit dafür reif gewesen wäre. Die Sozialwissenschaft spricht von den *Social Tipping Points,* den *sozialen Kipppunkten.* Sie markieren eine magische Schwelle: jenen

historischen Moment, ab dem eine Idee oder ein Verhalten die bisherige Ordnung regelrecht zum Kippen bringt und durch eine neue ersetzt.

Man geht davon aus, dass etwa 25 Prozent der Bevölkerung inhaltlich von einer Sache überzeugt sein und sich circa 3,5 Prozent aktiv für diese einsetzen müssen, damit es zu diesem Umschwung kommt. In der Folge werden zügig politische Entscheidungen getroffen und umgesetzt, die bislang undenkbar schienen. »Nichts auf der Welt ist so mächtig wie eine Idee, deren Zeit gekommen ist« (Victor Hugo).

Die Theorie der sozialen Kipppunkte gibt vielen Menschen Hoffnung, die sich in den Bewegungen für Frieden, Gerechtigkeit und Ökologie engagieren. Denn nüchtern betrachtet haben wir als Weltgesellschaft beispielsweise beim Thema Klimawandel keine 30, ja nicht einmal mehr 15 Jahre Zeit, um die notwendigen Veränderungen zu erreichen. Angesichts des Zögerns und Zauderns, tiefgreifende Änderungen umzusetzen, kann man eigentlich nur resignieren. Doch ein Blick in die Geschichte zeigt: Es gibt diskontinuierliche, sprich sprunghafte Veränderungen; ein irreversibles Umkippen, das mit einem großen Erkenntnisgewinn einhergeht und zu gesellschaftlichen Veränderungen führt. All das zeigt: Entschlossen handelnde Minderheiten haben mehr Macht, als man ihnen allgemein zutraut!

Wenn Menschen mit diesem Wissen auf ihren Einsatz für Frieden, Gerechtigkeit und Bewahrung der Schöpfung schauen, erkennen sie: Jedes Mal, wenn wir einen Schritt vorwärts setzen, leisten wir einen Beitrag auf dem Weg zum erhofften Umschwung. Auf diesem Weg ist kein Schritt zu klein! Schon ein einzelnes Gespräch kann Entwicklungen lostreten, die wir uns niemals hätten träumen lassen. Ja, jede einzelne Person kann andere beeinflussen, sodass wir die Welt gemeinsam verändern.

Ulrich Schnabel setzt sich in seinem Buch *Zusammen. Wie wir mit Gemeinsinn globale Krisen bewältigen* intensiv mit der Social-Tipping-Point-Theorie und der Netzwerkforschung auseinander und formuliert als Quintessenz: »Man braucht keine Mehrheit, um Dinge zu verändern. Denn in einem Netzwerk muss man nicht alle auf einmal überzeugen; oft reicht es – wie bei einer Reihe Dominosteine –, nur den Nächsten anzustoßen, der seinerseits seinen Nächsten anstößt und so weiter, bis am Ende die ganze Reihe umkippt.«[34]

Das Wissen um die Kraft des Wir entlastet. Und tut gut. Denn es nährt die Hoffnung: Auch wenn unser eigener Mut, unsere Zuversicht und Kraft begrenzt sind, so können wir damit doch vieles bewegen, in dem wir Mut und Zuversicht als soziale Ressourcen verstehen und mit anderen teilen, lässt sich die erstaunliche Erfahrung machen, dass sie sich auf wunderbare Weise vermehren.

Was uns Mammutbäume lehren können

Haben Sie schon einmal Mammutbäume gesehen? Viele, die davon berichten, schwärmen über deren Ehrfurcht gebietende Größe und ihr verblüffendes Alter. Die Redwoods können über 100 Meter hoch wachsen und mehrere Tausend Jahre alt werden. Doch das eigentlich Erstaunliche dieser Giganten bleibt dem oberflächlichen Blick verborgen. Anders als man vermuten würde, treiben die Mammutbäume ihr Wurzelwerk nicht tief in den Boden, sondern sind Flachwurzler. Sie bilden nur etwa einen Meter tiefe Ausläufer. Aber wie gelingt es den Kolossen, dass sie ihre Größe ausbalancieren und über Jahrhunderte hinweg selbst starke Stürme und Erdbeben überstehen?

Die Lösung lautet: Kooperation. Die Bäume treiben unter der Erdoberfläche so weite Ausläufer, bis sie auf die Wurzeln anderer Redwoods stoßen. Mit diesen bilden sie ein miteinander dicht verwobenes Wurzelgeflecht. So halten und stärken sie sich gegenseitig und können gemeinsam auf diese Weise selbst Orkanen trotzen. Die eigentliche Stärke dieser Riesen erwächst also ihrem Zusammenhalt. Ihrer Fähigkeit, zu kommunizieren und sich gegenseitig zu unterstützen.

Ulrich Schnabel verdanke ich dieses Lehrstück über die Mammutbäume und was sie uns zeigen können. Sie demonstrieren uns die Kraft des Gemeinsinns: »… die Fähigkeit, sich als Teil eines großen Netzwerkes zu begreifen und sich darauf auszurichten. Das heißt, nicht nur das eigene Wohl, sondern auch das der anderen im Blick zu haben – was letztlich alle stärker macht.«[35]

Erleben Menschen sich als hilflos und ausgeliefert, geht dies oft damit einher, dass sie sich in ihrem Elend mutterseelenallein fühlen. Der Gemeinsinn – der Sinn für die Gemeinschaft und die Verbundenheit untereinander – bildet ein Widerlager zum lähmenden Gefühl der Ohnmacht. Wie sich die Bäume gewissermaßen unterhaken, können auch wir einander stützen und stabilisieren und so gemeinsam größte Stürme überstehen.

KAPITEL SIEBEN: INNEHALTEN, UM INNEREN HALT ZU FINDEN

Was ist die größte Taste auf Ihrer PC-Tastatur?

Meist lautet die spontane Antwort: »Enter.« Doch es ist die Leertaste! Welche Bedeutung dieser Taste zukommt, kann ein einfaches Gedankenexperiment verdeutlichen: Stellen Sie sich im Geist einen Text ohne Leerzeichen vor. Sie werden ihn vermutlich entziffern können, aber nur mit Mühe. Wir brauchen also die Zwischenräume und Unterbrechungen, um Texte lesen zu können - und das gilt nicht nur für Bücher, Artikel und Gedichte, sondern auch für unseren Lebenstext.[36]

Um die eigene Lebensgeschichte lesen und in stimmiger Weise weiterschreiben zu können, gilt es zu pausieren. Den oft eng getakteten Alltag bewusst zu unterbrechen und Zwischenräume zu schaffen, um innezuhalten. In dem Maß, in dem wir den stetigen Strom an Erlebnissen immer mal wieder anhalten und bei uns selbst einkehren, schaffen wir den Freiraum, um über uns und das Leben nachzudenken.

Mit diesen Überlegungen stoßen wir auf die Basisvoraussetzung, die allen bisherigen Ausführungen zugrunde liegt: Um gut mit den unausweichlichen Gefühlen von Ohnmacht und Hilflosigkeit umzugehen, bedarf es einer bewussten Lebenskultur, so wie ich es im ersten Teil dieses Buches beschrieben habe. Ebenso braucht es eine aufmerksame Beziehung zu sich selbst, um die inneren Kräfte zu aktivieren, die uns in der Not tragen und positive Energien freisetzen. Zu ihnen gehören Dankbarkeit, Freude, Vertrauen, Verzeihen, Zuversicht und tatkräftiges Hoffen. *Das Fundament unseres seelisch-geistigen Immunsystems liegt in einem bewussten Verhältnis zu uns selbst und dem Leben.*

»Erkenne dich selbst!« lautet die bekannte Inschrift am Tempel von Delphi, und dieser Hinweis gilt von jeher als ein Wegweiser zu einem innengeleiteten, selbstbestimmten Leben. Oder mit den alten Griechen gesagt: In der Selbstkenntnis und Selbstsorge liegen die Voraussetzungen eines glückenden Daseins – und das trotz Krisen, Ohnmachtserfahrungen und unverheilter Wunden.

Ein *bewusstes Verhältnis zum eigenen Leben haben* bedeutet: Ich entwickle eine Aufmerksamkeit gegenüber meinem inneren und äußeren Erleben, pflege also eine begleitende Selbstwahrnehmung; ich reflektiere meine Wahrnehmung und Gedankenwelt und besinne mich dabei immer wieder auf das Ganze meines Lebens und dieser Welt; und ich versuche, meinen Alltag dementsprechend zu gestalten.

Ein solch bewusstes Leben ist nur möglich, wenn man den Zeitfluss regelmäßig unterbricht und sich Zeiten und Räume gönnt, um sich mit sich selbst zu verabreden. Und es braucht immer wieder neu die Entscheidung, den Kontakt mit sich zu suchen und das Leben bewusst zu gestalten.

Es ist offensichtlich: Ein solch ausdrückliches Verhältnis zu sich selbst ist alles andere als selbstverständlich! Vielmehr handelt es sich um eine echte innere Errungenschaft, um die man sich ebenso stetig bemühen muss wie um ein gepflegtes Äußeres oder um eine aufgeräumte Wohnung.

1. Wenn Ruhe aus der Ruhe bringt

Endlich Ruhe! Endlich mal keine To-do-Listen und keine Pflichten, sondern ganz nach Belieben die Gedanken schweifen lassen dürfen. – Das klingt vielversprechend. Doch was machen die Leute? Sie verabreichen sich Stromschläge. Das mussten der Sozialpsychologe Timothy Wilson von der University of Virginia und sein Forschungsteam feststellen, als sie den Versuchspersonen ihre Handys abnahmen und sie baten, auf einem Stuhl allein in einem schmucklosen Raum Platz zu nehmen. Die Studienteilnehmer:innen sollten einfach nur eine Viertelstunde in Ruhe sitzen und ihren Gedanken nachhängen – und erhielten auch noch Geld dafür. Eigentlich eine erholsame Auszeit, sollte man meinen. Doch im Gegenteil: Die Mehrzahl der Teilnehmer:innen empfand das »Alleinsein mit sich selbst« als belastend und hat es nicht genossen, einfach nur nachzusinnen. Also gab Wilson ihnen die Möglichkeit, etwas zu tun: Er stellte ihnen einen Knopf zur Verfügung. Drückten sie diesen, verpassten sie sich selbst einen milden, aber unangenehmen Elektroschock. Wilson rechnete nicht damit, dass die Versuchspersonen zu dieser Option greifen würden, doch er wurde erneut überrascht: 12 von 18 Männern und 6 von 24 Frauen zogen es vor, sich freiwillig einen Stromschlag zu versetzen, anstatt für 15 Minuten mit ihren Gedanken allein zu sein. Sie widmeten sich also lieber einer unangenehmen Aktivität als gar keiner. Der ungeschulte Geist beschäftige sich nicht gerne mit sich selbst, schließen die Forscher ihren Beitrag.[37]

Ein verblüffendes Experiment, das zeigt, wie sehr Stille, Nichtstun und Alleinsein unter Stress setzen. Auch im Alltag erweist sich, dass Ruhe viele Menschen beunruhigt und entsprechend vermieden wird. Man beobachte nur Leute, die in der Schlange an einer Kinokasse stehen oder auf den Bus warten. Die meisten holen sofort ihre Kopfhörer heraus oder wischen auf ihrem Smartphone herum. Und sobald zu Hause die Geräuschkulisse ein wenig abebbt, werden der Fernseher, das Radio oder ein Podcast angeschaltet.

Ein interessanter Widerspruch tut sich hier auf, der mir auch aus meinem eigenen Leben bekannt ist. Einerseits seufzen viele sehnsüchtig: »Ach, hätte ich doch mehr Zeit für mich!«, doch häufig setzen sie ihren Wunsch nicht in die Tat um.

Checke dich selbst!
Wie entschlossen jemand mit sich selbst vertraut werden will, erweist sich darin, ob er oder sie sich *tat*sächlich Zeit und Aufmerksamkeit schenkt. Die folgenden Fragen bieten Ihnen die Möglichkeit zur Selbsterkundung.
- Pflege ich eine Kultur des Rückzugs, der Stille und der Selbstreflexion?
- Schenke ich den verschiedenen Stimmen in mir Gehör: der Sprache des Körpers, der Gefühle, der Intuition und Träume?
- Lausche ich auf die Stimme meines Herzens und auf die substanziellen Fragen, die auftauchen, wenn ich mit mir allein bin – Fragen, in denen es um die eigene Person und um das Ganze geht und die auch ein beunruhigendes Potenzial in sich tragen?
- Reflektiere ich meine Impulse und mein Handeln im Blick auf meine Ziele und Werte?

2. Ein heikles Rendezvous

Warum fällt es vielen von uns so schwer, Stille und Alleinsein auszuhalten? Warum muss immer etwas gesagt oder getan, gehört oder gepfiffen werden, sobald es um einen ruhig wird? Warum beschäftigen Menschen sich lieber wie besessen mit *etwas*, als dass sie sich mit *sich selbst* beschäftigen?

Zum einen tragen verschiedene *gesellschaftliche Hintergründe* dazu bei – etwa das Credo unserer beschleunigten Gesellschaft: Zeit ist Geld. Entsprechend führen viele lieber ein Leben im pausenlosen Bereitschaftsmodus, als den Eindruck zu vermitteln, sie würden ihre Zeit verplempern. Sich den Wunsch nach Muße und Ich-Zeit zu erfüllen fällt schwer, denn schließlich würde man sich dann ja um wertvolle Zeit bringen!

Zum anderen halten *innerseelische* Widerstände davon ab, den umtriebigen Alltag zu unterbrechen und sich mit sich selbst zu verabreden. Ja, immer mehr Menschen haben fast Panik davor, ganz ohne Gesellschaft und Ablenkung zu sein, denn dann sind sie mit der Frage konfrontiert: Wer bin ich, wenn ich mit mir allein bin? – Eine gute und wichtige Frage! Doch viele scheuen vor einem Stelldichein mit sich selbst zurück. Denn wer weiß, ob ich da jemanden treffe, mit der oder dem ich gerne zusammen bin?!

Besonders intensiv kann man sich selbst begegnen, wenn die Stimmen um einen herum zum Schweigen kommen. Eine solche »Verabredung mit der Stille« fordert heraus. Denn wenn das geschäftige Grundrauschen verebbt, taucht auf, wovor wir ansonsten mit kleinen Tricks fliehen: Ohnmacht oder Ausweglosigkeit, Einsamkeit oder Eifersucht, dunkle Erinnerungen und Enttäuschungen – und dem weichen wir lieber aus. Kein Wunder, dass das Bedürfnis nach Geräuschen beinahe unersättlich ist.

Ein teuflischer Job

Auf humorvolle Weise erläutert der englische Schriftsteller C. S. Lewis den Zusammenhang von lärmender, rastloser Geschäftigkeit und der Flucht vor sich selbst: In seiner *Dienstanweisung für einen Unterteufel* lässt er den Oberteufel einige Briefe an seinen Neffen schreiben, in denen er Tipps und Hinweise für das Teufelshandwerk gibt. Wir müssen, so der Onkel, die Menschen dazu bringen, möglichst viel Krach zu machen. Also dafür sorgen, dass es immer lauter wird, bis am Ende das ganze Weltall in einen einzigen Höllenlärm verwandelt ist. – Und dann stellt der Oberteufel zufrieden fest: »Wir sind, was die Erde anbetrifft, in dieser Hinsicht bereits ein gutes Stück vorwärtsgekommen.«[38]

Warum ist, bildlich gesprochen, Lärm für den »höllischen Betriebsablauf« von Vorteil? Oder in psychologischer Sprache formuliert: Inwiefern halten Krach und zappelndes Beschäftigtsein destruktive Dynamiken am Laufen?

Wenn es um eine Person herum ständig laut ist, kann sie die Stimmen in sich selbst kaum noch wahrnehmen. Sie hat keinen oder kaum einen Zugang zu dem, was sie selbst in der Tiefe empfindet und will, sondern bewegt sich auf der Benutzeroberfläche des Lebens und orientiert sich am jeweiligen kulturellen Betriebssystem. Und das hat fatale Folgen: Denn wenn wir nicht auf uns selbst hören, dann hören wir bald nur noch auf andere oder anderes. Dann tun wir nicht das, was *wir* wollen, sondern das, was *man* eben so tut. Je weniger wir mit uns selbst vertraut sind, umso schneller werden wir zum Spielball unserer Launen und Bedürfnisse. Und unsere tiefen Anliegen und die Stimme unseres Gewissens werden übertönt.

Für ein innengeleitetes, selbstbestimmtes Leben braucht es vor allem eines: die Bereitschaft zum Innehalten und zur Selbsteinsicht! Es bedarf der Bereitschaft, sich immer wieder Freiräume zu erkämpfen, um bei sich Einkehr zu halten.

Von den vielen Wegen zu sich selbst

Auf welche Weisen Menschen einen Zugang zu ihrer Innerlichkeit finden, sieht unterschiedlich aus. Was für die eine Person stimmig ist, stresst die andere. Manche werden schon beim Gedanken an das Führen eines Tagebuches nervös, andere hingegen erleben es als hilfreich, schreibend im Gespräch mit sich selbst zu sein. Motorische Typen gewinnen Abstand zum Alltag und Nähe zu sich selbst, indem sie sich bewegen oder moderat Sport machen. Viele ziehen sich in die Natur zurück, um den Kontakt mit sich selbst zu vertiefen. Manche stricken oder gärtnern. Andere zieht es auf ein Meditationskissen, suchen einen stillen Kirchenraum auf, beten …

Wie sehen die für Sie passenden Weisen aus, um mit sich selbst allein zu sein? Um dies klarer zu fassen, können Sie sich selbst beobachten, welche Weisen des Innehaltens Ihnen Freude bereiten; welche Ihnen gut tun und (verhältnismäßig) leichtfallen. Und wenn Sie Ihre Motivation stärken wollen, Stille und Selbstreflexion zu kultivieren, kann es hilfreich sein, sich an Stunden erfüllten Alleinseins zu erinnern. Und dann: Just do it!

Checke dich selbst!
Eine Woche Stille, ganz ohne Aufgaben und Verpflichtungen. Nur ich selbst.
- Worauf würde ich mich am meisten freuen?
- Und wovor hätte ich am meisten Angst?

3. Stille: Heilfasten des Geistes

Heute habe ich nichts gemacht – und gerade deswegen konnte vieles in mir geschehen.

Neurologische Studien zeigen, dass unser Gehirn heute ganz anders verschaltet ist als noch vor 100 Jahren. Den ganzen Tag strömen pausenlos Reize aus vielen verschiedenen Quellen auf uns ein. Und das ist vor allem eines für unser Gehirn: ermüdend. Jede Information will schließlich verarbeitet werden. Unser Gehirn braucht Zeit, um das Erlebte zu verdauen und einzuordnen. Genau aus diesem Grund sorgt man bei Kindern für regelmäßige Ruhepausen. Doch auch als Erwachsene täten wir gut daran, uns regelmäßig Unterbrechungen und Stille zu gönnen, damit wir nicht in der Überfülle von gleichzeitigen Aufgaben und getrieben von Sorgen und Sehnsüchten zu »zappelnden Nichtstuern« (Kurt Tucholsky) werden.

Seit jeher betonen die Religionen und Weisheitstraditionen der Menschheit die große Bedeutung von Muße und Innehalten. Heute zeigen auch empirische Untersuchungen den vielfältigen Gewinn eines Lebensrhythmus, in dem Ruhe und Alleinsein einen selbstverständlichen Platz einnehmen.

Stille hat zahlreiche positive Auswirkungen auf unsere *physische Gesundheit*. Dazu gehört etwa, dass unser Körper sich entspannt, sein Immunsystem gestärkt wird und Stressreaktionen deutlich abnehmen. Denn so wie Lärm bewirkt, dass unser Gehirn das Stresshormon Cortisol verstärkt ausschüttet – mit all den klassischen Nebenwirkungen –, so führt Stille zu einem niedrigeren Cortisol- und Adrenalinpegel und damit zu einer Stressreduktion. Die zahlreichen körperlich positiven Effekte von Stille überraschen nicht, wenn man sich vor Augen führt: Lärm ist nichts anderes als Luftverschmutzung – nur lauter, und eine der größten Gesundheitsgefahren unserer Gesellschaft.

Praxistipp: Verschaffen Sie sich akustische Pausen
Auch wenn es banal klingt: Wirken Sie dem ständigen Lärm entgegen, indem Sie aktiv Abstand und Stille suchen. Sie können beispielsweise (sinnvollerweise ohne Handy oder offline) in die Natur gehen, deren Geräusche eine heilsame Wirkung haben. Aber auch in den eigenen vier Wänden lassen sich akustische Pausen einlegen, etwa indem Radio, Fernsehen oder andere Medien für längere Zeit ausgeschaltet bleiben.

Stille erfrischt mental und macht kreativ
Eine große Rolle bei Stille spielt das sogenannte *Default Mode Network* (auch »Ruhezustandsnetzwerk« genannt). Hinter diesem komplizierten Begriff verbergen sich jene Hirnregionen, die beim Nichtstun aktiv sind und beispielsweise ermöglichen, dass wir tagträumen, unsere Gedanken fließen lassen oder einfach da sind. Diese Hirnregionen werden immer dann aktiv, wenn unser Oberstübchen gerade nicht viel zu tun hat und

kaum durch äußere Reize stimuliert wird. Sobald wir anfangen zu lesen oder einen Film zu sehen, nimmt deren Aktivität sofort ab. Umgekehrt fahren in der Stille jene Hirnsysteme herunter, die uns vorantreiben und zielstrebig nach vorne blicken lassen. Der Kopf wird frei von willentlicher Anspannung und findet Raum, seine Gedanken spielerisch wandern zu lassen.

In diesen scheinbar vertrödelten Stunden passiert oberflächlich gesehen nichts, in Wirklichkeit aber eine Menge – so ähnlich wie Muskeln an Ruhetagen wachsen. Wir verdauen Erlebnisse, sortieren Informationen (aus) und lassen Dinge reifen. Und indem wir unseren Gedanken freien Lauf lassen, werden wir kreativ. Bestimmt kennen auch Sie das: Wie zufällig tauchen innere Bilder und Gefühle auf oder Ideen sprudeln plötzlich. Erfahrungen sickern an irgendeine geheime Stelle in uns, wo wir sie aus einer anderen Perspektive betrachten können, und auf einmal ergeben sie Sinn. Und der rettende Einfall, nach dem man so lange gesucht hat, fällt uns – woher auch immer – auf einmal zu.

Die Seele freiräumen

Auf Sie und mich stürmt unendlich viel ein. Hinzu kommt, dass wir in einer *Erlebnisgesellschaft* leben. Diese honoriert, wenn jemand von einem Erlebnis zum anderen hüpft und versucht, möglichst viele seiner Bedürfnisse und Wünsche zu befriedigen. Doch das Übermaß der Reize führt dazu, dass zahlreiche Menschen diese Eindrücke gar nicht mehr richtig schmecken, spüren und genießen. Sie haben sich, geradeheraus gesagt, überfressen.

Oder mit dem Bild eines Musikinstrumentes gesprochen: Wenn der Resonanzkörper etwa eines Cellos mit Krimskrams gefüllt ist, kann er nicht mehr klingen. Ähnlich kann auch in unserem Leben kaum etwas zum Klingen kommen, wenn es übervoll von Eindrücken und Geschäftigkeit ist. Wir brauchen in unserem Alltag leere Zeiten und Räume, damit uns etwas berühren, bereichern und verwandeln kann: sei es eine Begegnung, ein Sonnenaufgang, ein Text, der uns zum Nachdenken bringt, eine innere Erfahrung …

Hier wird deutlich: Stille ist nicht unbedingt eine Frage der Dezibel. Ebenso geht es in der Stille nicht darum, sich auf das Nichts zu konzentrieren. Oder darum, alle Gedanken zum Schweigen zu bringen – was ohnehin eine vergebliche Liebesmühe wäre, da es zwischen unseren Ohren ständig arbeitet. Sich Stille zu gönnen bedeutet vielmehr: Ich nehme mir bewusst Zeit, in der ich nichts Bestimmtes tue oder erlebe, sondern meinen gesammelten Werken (Eindrücke, Erlebnisse …) Raum gebe, sie wahrnehme und verarbeite. Ich entrümple einen Winkel meiner Seele vom Allerlei des Alltags und finde so den Freiraum, zu fühlen, zu denken, zu träumen, infrage zu stellen oder einfach nur zu sein.

Von der subversiven Kraft der Stille

Jüngst bin ich darauf gestoßen, dass die Marketingstrategen der Stille eine konsumhemmende Wirkung nachsagen. Stille verschafft uns möglicherweise die Pause *vor* unseren Wünschen, welche oft durch Werbung verstärkt oder gar künstlich erzeugt werden. Die Stille erleichtert, innezuhalten und zu überlegen, ob der Kaufimpuls wirklich mein eigener ist – oder ob ich insgeheim den Marktstrategien und Vorstellungen anderer folge. Um diese kritische Reflexion zu verhindern, werden – ganz im Sinne der *Dienstanweisung für einen Unterteufel* – Verkaufsräume daher meist mit Musik beschallt.

Dieses Alltagsbeispiel verdeutlicht die Wirkmacht der Stille: Stille ermöglicht uns eine Rückbesinnung auf uns selbst. Sie schärft unsere Aufmerksamkeit für unsere Werte, Wünsche und Möglichkeiten. Sie fördert eine kritische und nachhaltige Reflexion und verringert unsere Manipulierbarkeit. In dem

Maß, in dem wir regelmäßig innehalten, finden wir jenen Halt in uns selbst, den es braucht, um entschieden *Nein* zu sagen oder etwas klar zu bejahen. Wir erkennen Zusammenhänge und werden fähig, unser Leben bewusst(er) zu gestalten – egal, ob auf privater, beruflicher oder gesellschaftlicher Ebene.

Die Entscheidung für die Stille entpuppt sich also als Entscheidung dafür, man selbst sein zu wollen. Nicht andere für sich denken zu lassen, sondern selbst zu denken. In der Stille erobern wir uns einen Raum der Freiheit.

Stille und Innehalten sind also keine bloßen Fitnessstrategien, um das gestresste Ich zu stärken. Sie dienen nicht nur als Polster zur Verbesserung der Work-Life-Balance. Sie haben auch eine gesellschaftliche und politische Dimension. Und als ein Akt des Widerstandes gegen manipulierende Kräfte entwickeln sie eine kritische und subversive Kraft.

Tiefer blicken

Eines Tages kamen einige Menschen zu einer Eremitin und fragten sie: »Was für einen Sinn hat es, dass du der Stille und Meditation so viel Zeit widmest?«

Die Eremitin schöpfte gerade Wasser aus einem tiefen Brunnen. Sie antwortete: »Blickt in den Brunnen. Was seht ihr?« Die Leute schauten in den tiefen Brunnen: »Wir sehen Wellen!«

Nach einiger Zeit forderte die Eremitin sie erneut auf, in den Brunnen zu schauen: »Was seht ihr jetzt?« Die Besucher blickten wieder hinunter: »Wir sehen uns selber.« »Das lässt sich auch in der Stille und Meditation erfahren: Man sieht sich selber«, erläuterte die Frau und forderte sie auf, noch eine Weile zu warten.

Als die Gäste nach einiger Zeit wiederum in den Brunnen schauten, sagten sie: »Nun sehen wir die Steine auf dem Grund des Brunnens.« Da erklärte die Eremitin: »Darin liegt das Geschenk von Stille und Meditation: Wenn man lange genug wartet, sieht man den Grund aller Dinge.«

In anschaulicher Weise verdeutlicht diese bekannte Weisheitsgeschichte, warum viele Menschen Stille auch als ein spirituelles Geschehen erleben. Es lässt sich vielleicht so beschreiben:

Wartet man in der Stille lange genug, bis die inneren Stimmen verstummen, die einen aufwühlen, dann lässt sich bisweilen erleben: Ich kann einfach sein, ohne etwas leisten oder machen zu müssen. Nichts und niemand will etwas von mir – nicht einmal ich selbst. Eine friedvolle Stille breitet sich in mir aus. Ich vernehme mein eigenes Aufatmen. Und ich kann hören, wie das Gras wächst – ohne, dass ich etwas dazu beitragen muss, wie es Andreas Knapp formuliert.

Wer so in die Stille eintaucht, wird manchmal einen umfassenderen Grund erahnen, der alles trägt und hält. Und darin liegt nach meiner Erfahrung das tiefste Glück der Stille: Sie macht einen innewohnenden Grund wieder fühlbar und lässt diesen wirken. Und wer mit diesem Grund in Verbindung steht, erfährt Stimmigkeit und Sinn.

Eine solche Erfahrung, die sowohl Glaubende verschiedener Religionen machen als auch zahlreiche Menschen, die sich keiner Religion zugehörig fühlen – eine solche Erfahrung lässt sich kaum in Worte fassen. Ich selbst bin in der christlichen Spiritualität beheimatet und schöpfe aus ihrem Reichtum an verschiedenen Weisen des Betens und Meditierens. Wenn ich lange einfach nur auf die Stille höre, dann ahne ich manchmal, dass die Stille nicht leer ist. Sie ist vielmehr bewohnt. Ich spüre eine geheimnisvolle Gegenwart, in der ich daheim sein kann. Einfach so.

Was mich inspiriert

Andreas Knapp bringt in seinem Gedicht »Kontemplation« den Reichtum der Stille in einer Weise zum Klingen, die mich berührt. In ihm heißt es:

Kontemplation

*Beim Zählen der Sterne
lachend immer wieder
von vorn beginnen*

*In der Zeitvergessenheit
der Brandung
Atem schöpfen*

*Den Zugvögeln
einfach nur zuschauen
wenn sie weiterziehen*

*Den Duft der Rose
ungepflückt
verschweben lassen*

*Lauschen auf die Stille
nach dem Wort*

*Nicht mehr fragen müssen
was bringt's*

*Warten ohne Erwartungen
absichtslos bei dir sein*

Daran Genüge finden[39]

4. Es bleibt spannend!

Eigentlich wollte ich, wie bereits erwähnt, mein Buchmanuskript schon viel früher abgeben. Doch eine Krankheit hält mich seit mehreren Wochen fest im Griff und auch manches andere ist passiert, was mich belastet und in Beschlag nimmt. Ich fühle mich matt und überfordert. Und merke, dass ich (wieder mal) auch für mich selbst schreibe.

Sich preisgegeben oder machtlos zu erleben und mit Unausweichlichem konfrontiert zu sein gehört unvermeidbar zu jedem menschlichen Leben. Denn wir sind eben *auch* schwach und haben vieles nicht unter Kontrolle. Doch die eigentliche Schwäche liegt darin, sich die Ohnmacht nicht einzugestehen! Denn das manövriert in viele Sackgassen und raubt immens viel Energie. Nehmen wir hingegen das Ohnmachtsgefühl als *einen* Teilaspekt des Lebens an anstatt es zu bekämpfen, dann machen wir uns frei von der Anstrengung, stark sein zu müssen und die Empfindung von Schwäche zu überspielen. Und das Paradoxe ist: Je mehr wir dieses Gefühl akzeptieren und bewusst mit ihm umgehen, um so eher gewinnen wir die Stärke, mit der Schwäche und Ohnmacht zurechtzukommen. Und umso eher werden wir auch deren lebensförderliche Seiten entdecken.

Doch es ist nur die halbe Wahrheit, wenn ich schreibe, dass ich mich matt und überfordert fühle. Denn zugleich weiß ich um die Kraft, die *auch* in mir wohnt – selbst wenn ich derzeit keinen so spürbaren Zugang zu ihr habe.

Dankbarkeit, Freude, Vertrauen, Verzeihen, Zuversicht, tatkräftiges Hoffen und Innehalten – diese Haltungen sich bewusst in Erinnerung zu rufen und ins eigene Leben zu integrieren, das ist gerade in Zeiten von Ohnmacht und Schwäche wichtig. Denn sonst schlägt man sich allzu leicht auf die Seite der Mutlosigkeit und gibt sich geschlagen.

An diesem Punkt kommt der Spannungsreichtum unseres Lebens in den Blick: *Wir Menschen sind widersprüchlich und komplex. Ein lebendiges Sowohl-als-auch – und kein Entweder-oder.*

Zu diesen Spannungspolen unseres Seins gehören etwa das Denken *und* das Fühlen, körperliches Wohlempfinden *und* stechender Schmerz, Aktivität *und* Innehalten, aber auch widerstreitende Gefühle wie Liebe *und* Hass, Zärtlichkeit *und* Zorn, Trauer *und* Freude. Und zu den unaufhebbaren Gegensätzen unseres Lebens gehören *sowohl* Kraft *als auch* Ohnmacht. Und ebenso Autonomie *und* Abhängigkeit – also die Spannung zwischen der Überzeugung, für unser Leben selbst verantwortlich zu sein, *und* der Erfahrung von Machtlosigkeit, die unserer Endlichkeit erwächst.

Die Polarität und Widersprüchlichkeit zeigt sich in allen Dingen und Erfahrungen. Das Leben atmet und pulsiert auf diese Weise. Es wogt hin und her zwischen Sturm und Stille. Zwischen Ebbe und Flut.

In dem Maß, in dem wir uns mit dieser grundsätzlichen Polarität aussöhnen, wächst unser Einverständnis mit dem Leben. Eine beständige Heiterkeit stellt sich ein, in der sowohl Zeiten der Freude und der Trauer, der Ohnmacht und der Kraft ihren Platz haben.

Dem Leben in all seiner Widersprüchlichkeit mit einer solchen Haltung begegnen zu können ist eine kostbare und zerbrechliche Errungenschaft, um die man sich bewusst mühen muss. Dazu gehört, dass wir uns diese Haltung in ruhigen Momenten des Nachdenkens und der Stille erschließen und sie im täglichen Leben einüben. Zugleich bin ich davon überzeugt: Wenn einem das Leben trotz seiner schmerzlichen und absurden Seiten dennoch als bejahenswert erscheint, dann ist das nie nur das Ergebnis eigener Anstrengung, sondern immer auch ein Geschenk. Ein solches *Ja* zum Leben verdankt sich auch der Ahnung, dass alles – selbst das Sinnlose und Abgründige – eingebettet ist in einen bergenden Zusammenhang. Und dass alle Menschen im Großen und Ganzen geborgen sind.

TRAUEN SIE IHRER KRAFT

Zeit und Aufmerksamkeit gehören zu den wertvollsten Gütern unseres Lebens. Ich danke Ihnen für unser gemeinsames Erkunden, wie sich Ohnmachtsgefühle und Blockaden verstehen und bewältigen lassen. Und wie wir die Kraft freilegen, die in uns wohnt.

Ich selbst mache mich immer wieder neu auf den Weg hin zu einem entschiedenen und vertrauensvollen Leben. Das Gute ist: Dafür brauchen wir ganz wenig. Eigentlich brauchen wir nur uns selbst. Ort und Zeit sind für alle gleich: Der Ort ist der konkrete Alltag und die Zeit ist *jetzt*. Beginnen Sie einfach dort, wo Sie stehen.

Und wenn Sie den Eindruck haben sollten, dass Ihnen nur kleine Veränderungen möglich sind, dann führen Sie sich vor Augen: Werden beim Zug die Weichen umgestellt, dann ändert sich die Fahrtrichtung am Anfang nur minimal. Ähnliches gilt für unser Leben: Auch wenn es lange dauert, bis man wahrnimmt, dass sich der Zug des Lebens in eine andere Richtung bewegt, so sind es die kleinen Weichenstellungen, die langfristig zu neuen Zielen führen. So ist also unser Mut zu kleinen Gesten und Schritten gefragt. Trauen Sie Ihrer Kraft!

DANK

Zahlreiche Menschen haben mich bei der Entstehung dieses Buches inspiriert und bestärkt. Ich danke allen, die mich im Lauf meines Lebens ermutigt haben, mich den schwierigen Gefühlen von Hilflosigkeit und Ohnmacht zu stellen. Und all jenen, die mir glaubhaft jene Haltungen vorleben, um die es in diesem Buch geht und aus denen sich in schweren Zeiten Kraft schöpfen lässt.

Ich danke Susanne Pointner, Klaus Baumann und Josef Maureder, die sich die Zeit genommen haben, mein Manuskript kritisch Korrektur zu lesen. Mit ihren fachlichen Hinweisen und wichtigen Anregungen haben sie das Buch sehr bereichert! Mein besonderer Dank gilt Andreas Knapp, der unnachgiebig am Text gehobelt und gefeilt hat. Manche Späne sind dabei gefallen. Doch das Buch hat dank seiner konstruktiven Kritik sehr gewonnen.

Ich danke dem Leiter des bene! Verlags und Lektor Stefan Wiesner für die seit vielen Jahren äußerst vertrauensvolle und anregende Zusammenarbeit. Maria und Gerhard Höbinger sage ich Danke für ihre Gastfreundschaft in der Endphase des Schreibens. Ebenso auch meiner Gemeinschaft, welche die Entstehung dieses Buches wohlwollend begleitet und unterstützt hat.

Anmerkungen

1 Vgl. Joanna Macy & Chris Johnstone, *Hoffnung durch Handeln. Dem Chaos standhalten, ohne verrückt zu werden,* Junfermann Verlag 2014, S. 103
2 Vgl. rheingold institut, »Zukunftsstudie 2021: Wie Deutsche in die Zukunft blicken«, 14. Oktober 2021; https://www.rheingold-marktforschung.de/rheingold-studien/zukunftsstudie-2021-wie-deutsche-in-die-zukunft-blicken/
3 Vgl. rheingold institut, »Wie ticken die Deutschen«, 3. März 2022; https://www.rheingold-marktforschung.de/rheingold-in-den-medien/melancovid-trifft-auf-kriegsangst/
4 Matthias Drobinski, »Wenn Politik Menschenleben kostet«, in: *Süddeutsche Zeitung,* 30. März 2020; https://www.sueddeutsche.de/politik/coronavirus-hessen-politiker-1.4862073
5 Vgl. Stiftung Gesundheitswissen, »Gesundheitsorientierung und Informationsverhalten chronisch Kranker«, 9. Februar 2022
6 Vgl. rheingold institut, »Wie ticken die Deutschen«, 3. März 2022; https://www.rheingold-marktforschung.de/rheingold-in-den-medien/melancovid-trifft-auf-kriegsangst/
7 Vgl. Hans Rosling, *Factfulness. Wie wir lernen, die Welt so zu sehen, wie sie wirklich ist,* Ullstein Taschenbuch 2019; der laufend aktualisierte Gapminder-Test findet sich unter www.gapminder.org
8 Vgl. zum Folgenden Martin Buber, Prophetie und Apokalyptik, in: ders., Schriften, Bd. II, München 1964, 925-942
9 Vgl. Ronja Wurmb-Seibel, *Wie wir die Welt sehen. Was negative Nachrichten mit unserem Denken machen und wie wir uns davon befreien,* Kösel 2022, S. 65–79
10 Hilde Domin, »Zärtliche Nacht«. Aus: dies., *Gesammelte Gedichte,* © S. Fischer Verlag GmbH, Frankfurt am Main 1987, S. 215
11 Hilde Domin, »Nicht müde werden«. Aus: dies., *Gesammelte Gedichte,* © S. Fischer Verlag GmbH, Frankfurt am Main 1987, S. 294
12 Rainer Maria Rilke, *Das Buch der Bilder,* »Des ersten Buches zweiter Teil«; abgerufen von www.rilke.de
13 Dorothee Sölle, *Leiden,* © Kreuz in der Verlag Herder GmbH, Freiburg i. Br.
14 Dietrich Bonhoeffer, *Widerstand und Ergebung* (Dietrich Bonhoeffer Werke, Bd. 8), Gütersloh 2015 [Erstveröffentlichung 1951], S. 607 f.
15 Fulbert Steffensky, »Trost – das mütterlichste aller Wörter«. In: Tiemo Rainer Peters/C. Urban (Hrsg.), *Über den Trost. Für Johann Baptist Metz,* Mainz 2008, S. 52–55; mit freundlicher Genehmigung des Autors
16 Fulbert Steffensky, *Wo der Glaube wohnen kann,* © 2008 by RADIUS Verlag, Stuttgart, S. 51

17 Ebd.
18 Einheitsübersetzung der Heiligen Schrift, Katholisches Bibelwerk, Stuttgart 2016
19 Die Idee der offenen Sätze der Dankbarkeit und einige Satzanfänge verdanke ich Joanna Macy & Chris Johnstone, *Hoffnung durch Handeln. Dem Chaos standhalten, ohne verrückt zu werden,* Junfermann Verlag 2014, S. 55; zu diesem gesamten Kapitel vgl. deren Ausführungen über Dankbarkeit in: ebd., S. 51–61
20 Der Text wird im Internet vielfach Paulo Coelho zugeschrieben, doch das scheint ein Irrtum zu sein; die Herkunft des Textes lässt sich leider nicht klären
21 Aus: »Höchster, allmächtiger und guter Herr«, Gotteslob Österreich Nr. 864, Text/Übersetzung: Johannes Lehrner
22 Barbara L. Fredrickson, *Die Macht der guten Gefühle. Wie eine positive Haltung Ihr Leben dauerhaft verändert,* Campus, Frankfurt am Main 2011
23 Joanna Macy & Chris Johnstone, *Hoffnung durch Handeln. Dem Chaos standhalten, ohne verrückt zu werden,* Junfermann Verlag 2014, S. 192–204
24 https://de.statista.com/statistik/daten/studie/206250/umfrage/landwirtschaftliche-nutzflaeche-in-deutschland/
25 Über diesen Link findet sich ein kurzer Videoclip: https://www.youtube.com/watch?v=CJXnYMl_SuA
26 Natalie Knapp, Der unendliche Augenblick. Warum Zeiten der Unsicherheit so wertvoll sind, Rowohlt Verlag 6. Auflage 2020, 155. Vgl. zum ganzen Kapitel ebd. 151-156
27 Vgl. Michael Tischinger, *Jeder Tag ist ein geschenktes Leben. Schritte der Achtsamkeit,* Kreuz Verlag 2014 (2. Auflage), S. 87 f.
28 Melanie Wolfers, *Die Kraft des Vergebens. Wie wir Kränkungen überwinden und neu lebendig werden,* Herder TB 2021 (4. Auflage)
29 Vgl. Ulrich Schnabel, *Zusammen. Wie wir mit Gemeinsinn globale Krisen bewältigen,* Aufbau 2022, S. 67–84
30 Siehe: Michael Ende, *Die unendliche Geschichte,* DTV, München, 4. Auflage 1990, S. 484
31 Andreas Knapp, »zu unserem Heil«. Aus: ders., *Tiefer als das Meer. Gedichte zum Glauben,* © Echter Verlag, Würzburg 2018 (6. Auflage), S. 30
32 Joanna Macy & Chris Johnstone, *Hoffnung durch Handeln. Dem Chaos standhalten, ohne verrückt zu werden,* Junfermann Verlag 2014, S. 192–204
33 Ebd., S. 17 f.
34 Ulrich Schnabel, *Zusammen. Wie wir mit Gemeinsinn globale Krisen bewältigen,* Aufbau 2022, S. 182; zum gesamten Kapitel vgl. auch ebd., S. 163–185
35 Ebd., S. 10

36 Diesen Gedanken verdanke ich Christian Marte; und ich habe übrigens »Enter« geantwortet
37 Die Studie wurde von Timothy Wilson u. a. unter dem Titel »Just think: The challenges of the disengaged mind« veröffentlicht im Fachjournal *Science* im Band 345, S. 75; https://www.science.org/doi/10.1126/science.1250830
38 Clive Staples Lewis, *Dienstanweisung für einen Unterteufel* neu übersetzt, © 2022 Verlag Herder GmbH, Freiburg i. Br.
39 Andreas Knapp, »Kontemplation«. Aus: ders., *Weiter als der Horizont – Gedichte über alles heraus,* © Echter Verlag, Würzburg 2019 (9. Auflage), S. 62

Antworten auf die Fragen von Seite 33:
1: a   2: c   3: c   4: c   5: a   6: c   7: c

Foto: Ulrik Hölzel

Melanie Wolfers
Mutmacherin. Philosophin für Lebensfragen und Spiritualität
Dr. theol., Mag. phil., studierte Theologie und Philosophie in Freiburg und München und arbeitete anschließend als Hochschulseelsorgerin an der Universität München. Seit 2004 lebt die Expertin für Lebensfragen und Spiritualität in einer christlichen Ordensgemeinschaft in Wien. Gründung von IM*puls*LEBEN, einem Projekt für junge Erwachsene auf der Suche nach Lebensorientierung und sozialem Engagement.

Melanie Wolfers schöpft aus ihrer langjährigen Erfahrung als Seelsorgerin und Beraterin; sie ist Bestsellerautorin und schreibt für überregionale Magazine, u. a. für *BRIGITTE*. Sie ist gefragte Rednerin und betreibt den Podcast *GANZ SCHÖN MUTIG – dein Podcast für ein erfülltes Leben.*

Den Podcast *GANZ SCHÖN MUTIG* gibt es bei Apple, Spotify, Youtube und überall, wo es Podcasts gibt, sowie auf der Homepage von Melanie Wolfers.

www.melaniewolfers.de
www.salvatorianerinnen.at
https://www.facebook.com/MelanieWolfersAutorin
https://www.instagram.com/melanie_wolfers

Einfach besser entscheiden

Nichts beeinflusst unser Lebensglück so sehr wie unsere Entscheidungen. Melanie Wolfers vermittelt anhand eines innovativen Konzepts die Kunst, eine kluge Wahl zu treffen. Das Besondere: Sie können entscheiden, ob Sie das Buch in einem Stück als *allgemeinen* oder als *individuell abgestimmten* Ratgeber für mehr Klarheit in einer konkreten Entscheidungssituation lesen wollen. Auf beiden Wegen finden Sie alltagstaugliche Strategien, Methoden, Beispiele und Tipps.

Melanie Wolfers

Entscheide dich und lebe!

Hardcover mit handschmeichlerischem Schutzumschlag · 12,5 x 20,5 cm · 256 Seiten
ISBN 978-3-96340-117-6
€ [D] 19,– · € [A] 19,60

bene! gutes leben